Charles Benoist

Le Travail, le Nombre et l'État

Essai

ISBN : 978-1548901240

10 9 8 7 6 5 4 3 2 1

Charles Benoist

Le Travail, le Nombre et l'État

Essai

Table de Matières

I. LES FAITS

Des deux révolutions qui, concurremment, se poursuivent depuis un siècle ou un siècle et demi, la première, la révolution économique, a eu pour conséquence principale la transformation psychologique de l'ouvrier, c'est-à-dire de la grande majorité des individus vivant du travail dans une nation, c'est-à-dire du Nombre ; la seconde, la révolution politique, a eu pour effet principal la transformation juridique de l'État. Cette double révolution s'est accomplie, cette double transformation s'est opérée sous l'action d'un triple mouvement convergent des faits, des idées et des lois [1]. Mais peut-être ne suffit-il pas de l'avoir indiqué sommairement, et comme affirmé dans le raccourci d'une formule. Le présent seul et quelque peu du plus prochain avenir, étant jusqu'à un certain point en notre dépendance, sont matière de politique. S'il est vrai toutefois que le présent repose sur le passé, s'y insère à ses origines, et soit ainsi « conditionné » par lui, le passé, — au moins le passé récent, le dernier passé, — est donc l'un des fondements nécessaires d'une politique positive ; et il vaut alors la peine de montrer avec plus de détail comment la double révolution s'est accomplie, comment la double transformation s'est opérée, ce qu'en se rejoignant et s'additionnant, l'une et l'autre ont en somme donné. A cet égard, ou de ce point de vue, les idées et les lois elles-mêmes sont des faits ; pourtant, comme rien n'est plus un fait qu'un fait, le mieux sans doute est de commencer par les faits proprement dits. Mais, puisque la révolution, la transformation a été double, en même temps économique et politique, il y aura lieu par conséquent de distinguer entre deux ordres de faits, — économiques et politiques ; — puis, dans ces deux ordres, entre différents genres, faits matériels, ou moraux, ou sociaux, affectant le Travail, ou le Nombre, ou l'État ; car il est essentiel de ne jamais oublier un des tenues du problème, et, au contraire, de se rappeler toujours que, dans l'État moderne, après un siècle de grande industrie et un demi-siècle de suffrage universel, le Travail ne peut être considéré indépendamment de l'État, ni l'État indépendamment du Nombre.

I

Le fait matériel qui domine la révolution économique, c'est l'application de la vapeur, comme force motrice, aux usages industriels. Il est plus difficile qu'on ne croit d'en donner exactement la date ; quelqu'un l'a dit : « Les grandes inventions ne sont jamais l'œuvre d'un seul ; une grande invention est la résultante des efforts accumulés d'une longue succession de travailleurs [2]. » Il semble bien cependant que le premier moteur à vapeur approprié à celle destination spéciale ait fait son apparition à Manchester, chez Boulton et Watt, en 1790 ; que si, par hasard, ce n'était pas le premier, et qu'il y en eût d'autres, en tout cas on n'en trouverait point avant 1780 ou 1785.

Avant 1790, ou, en tout cas, avant 1780, avant cette « grande invention, » il y a quelque abus de mots à parler de « grande industrie, » — de la grande industrie de type moderne, caractérisée par la concentration en un seul lieu de l'outillage, de l'ouvrage et d'une multitude ouvrière, par le changement de l'atelier en usine ; — ou si, depuis les environs de 1750, on peut citer des exceptions, ce ne sont encore que des exceptions, et on les compte [3]. La règle, d'une manière générale, pourrait être posée ainsi : au XVIIIe siècle, et jusqu'à l'application du moteur à vapeur, l'industrie est nécessairement concentrée par régions suivant les circonstances physiques et économiques, mais dispersée dans chaque région suivant les circonstances naturelles de la population. Ainsi, l'industrie des draps est comme concentrée dans le Languedoc, et dans les pays de Sedan, de Rouen, d'Amiens, d'Abbeville ; celle des toiles en Beaujolais et en Bretagne ; celle des soieries dans la région lyonnaise. Mais, des 25 100 métiers hallalis que compte, vers 1750, la Picardie, il n'y en a guère que 6 000 au 6 500 dans les villes [4], le reste est épars dans les campagnes, où ils font vivre 200 000 personnes. En 1760, tout autour de Rouen. 45 000 personnes travaillent pour le compte de 12 maîtres seulement [5] ; mais, également ici, la plus grande partie de ce personnel est éparse [6].

Il serait facile, — s'il n'était aussi fastidieux, — d'accumuler des chiffres qui, d'ailleurs, n'ajouteraient rien à la démonstration. Une seule chose en doit ressortir ; c'est qu'en somme, sauf quelques exceptions qui, comme à l'ordinaire, rendent la règle plus certaine et plus évidente, l'industrie, en France, au XVIIIe siècle, est pour ainsi dire à l'état sporadique. Elle est comme semée à travers les provinces, d'un bout à l'autre du pays ; elle est partout et elle n'est nulle part ; on vient, en de certains centres, chez le sieur un tel ou le sieur un tel, chercher le travail et la matière première, qui se disséminent et s'éparpillent après de tous côtés.

Même pour les exceptions qui méritent d'être citées, et là même où le travail s'exécute sur place, en un seul lieu, on vit alors sous un régime qui n'est encore ni celui de l'usine, ni celui de la grande industrie. Non plus, en effet, que la grande industrie du type moderne, l'usine, au sens moderne, n'existe point alors, et c'est justement parce qu'elle n'existe pas, qu'on ne peut véritablement pas dire qu'existe alors la grande industrie. Car « la fabrique » n'est pas « l'usine. » La fabrique est « entièrement close de murs ; chacun y est installé dans une maison comprenant un rez-de-chaussée où se trouve un métier à tisser, un premier avec cuisine, et une ou deux chambres à coucher [7]. » Telle est, entre autres, la manufacture royale de draps de Villeneuvette ; et telle est aussi la manufacture royale de Sedan : un village d'artisans, une petite ville dans la ville, une forteresse du travail, entourée d'une enceinte, coupée du dehors, et se suffisant par ses seuls moyens. Des chaumières sur une zone interdite, derrière une grande porte détendue, et, dans chacune de ces chaumières, un homme faisant « tout ce qui concerne son état, » le faisant chez lui, avec des instruments que la fabrique lui fournit peut-être, mais qu'il n'en regarde pas moins comme à lui : travail séparé, travail isolé, sinon divisé ; industrie domestique et familiale jusque dans ce que l'on appelle en ce temps la grande industrie.

Peu à peu, cependant, sous la fabrique, l'usine s'ébauche ; et peu à peu l'organisation nouvelle apparaît, reconnaissable à ce signe : le travail divisé dans l'atelier commun remplace le travail total par ateliers séparés. A Villeneuvette, par exemple, « on construit de vastes locaux, où les baies très hautes se détachent sur la surface des murs ; on y installe, dans des salles du rez-de-chaussée, les appareils nécessaires au dégraissage, au lavage et au séchage des laines. Puis, on place les métiers dans les pièces du premier et du second étage, afin de bien surveiller le personnel. Les anciennes demeures isolées où l'ouvrier fabriquait les tissus avec un métier qu'installaient les entrepreneurs sont uniquement affectées à l'habitation des travailleurs [8]. » A Sedan, même chose : « 25 patrons possédant 113 métiers y occupent 10 130 personnes. Ils ont 58 commis, qui surveillent vingt-neuf opérations spéciales. Autant d'opérations, autant de spécialités. Des bâtiments, composés d'un rez-de-chaussée et de deux étages éclairés par de grandes fenêtres contiennent les métiers [9]. » Cette fois, c'est l'usine, ou presque, et bientôt le mot va entrer dans la langue, bientôt Roland va en donner la définition : « Un vaste laboratoire, un immense atelier où les machines en grand sont communément mues par l'eau : une grosse forge, une forge d'ancres, une refonderie de fer, l'ensemble des martinets et des grands travaux sur cuivre, des fileries de fer, etc., sont des *usines*, qu'on distingue encore par la nature de l'objet particulier qu'on y exploite, comme un laminoir, le lieu où l'on fore le canon, etc. [10]... »

Aux termes de cette définition, qu'est-ce donc qui a fait sortir de l'ancienne fabrique l' « usine » moderne ? La première transformation, et la plus importante, c'est la transformation matérielle de l'usine elle-même, de son architecture et de sa figure, de ses bâtiments et de ses aménagements : « un vaste laboratoire, un immense atelier. » Or, ce qui a rendu possible et nécessaire cette transformation matérielle de la fabrique, c'est, depuis 1750, l'application plus générale d'une force motrice puissante, — la force hydraulique, — si bien que la plupart des fabriques ou des usines à présent s'allongent en longues constructions le long des cours d'eau.

Mais, pour que « les machines en grand » pussent être mues communément par la force hydraulique, il a d'abord fallu que les machines en grand fussent possibles, et, pour qu'elles fussent possibles, il a fallu toutes sortes de changements et de perfectionnements dans la technique de tous les arts. Le XVIIIe siècle, dans sa seconde moitié surtout, en est en effet rempli. Les inventions se succèdent rapidement : savants et ouvriers y rivalisent. La métallurgie profite des essais de Buffon à Montbard ; Réaumur travaille, lui aussi, sur le fer, les fontes, l'acier, la porcelaine, les cordages : sa curiosité ingénieuse s'étend à mille objets ; Vaucanson trouve successivement le métier mobile, le tour à dévider la soie, la calandre à écraser les étoffes ; il trouve la chaîne d'engrenage ; Hellot fait faire à la mécanique du tissage des progrès qui lui permettent d'installer de grandes manufactures avec mi outillage nouveau. Anglais, Allemands, Hollandais, Suisses, Italiens apportent le meilleur de leurs procédés : ce que Holker et Milne, Macarty, Everet et Kay font pour les cotonnades et les laines, d'autres le l'ont pour d'autres branches, pour des branches de plus en plus nombreuses de l'activité industrielle ; et ces autres ont nom : Turgot, Condorcet, Bernard de Jussieu, Macquer, Duhamel, Vandermonde, les frères Havart, les Lefèvre, Gouïn, Eymar, Slongel [11], etc. Grâce à eux, à eux tous, théoriciens et praticiens, gens de science et gens d'expérience, c'est réellement un outillage nouveau qui se crée, et, en même temps que cet outillage particulier à chaque fabrication, que cet outillage spécial, l'outillage social ou national, — j'entends par là les routes, les canaux, tout le réseau des voies, et tout le matériel des transports, — commence, continue et ne cesse plus de se développer.

Ainsi cette création, lentement opérée, d'un nouvel et double outillage, spécial et social, concordant et coïncidant avec l'appropriation plus utile et plus usuelle comme force motrice de l'une des forces de la nature, l'eau, va solliciter l'industrie, la pousser à grandir progressivement, jusqu'à ce qu'enfin, par la domestication triomphante de la vapeur, elle devienne réellement et pleinement « la grande industrie. » En cela encore, du reste, tout concorde et tout coïncide : il semble que toutes les forces naturelles jouent ensemble, c'est-à-dire toutes à la fois dans le même sens ; et l'histoire des usines à eau est l'histoire des usines à feu, qui, par l'emploi, depuis 1725 ou du moins depuis 1750, de la houille comme combustible [12], n'ont pas été transformées moins profondément. Mais non seulement ces transformations s'appellent et s'entraînent les unes les autres : chacune d'elles, aussi, en appelle et en entraîne d'autres, d'abord dans le même ordre ou dans l'ordre tout à fait voisin, et puis dans des ordres en apparence assez éloignés, par une série grossissante de conséquences ; de telle sorte qu'à ce fait relativement secondaire, la transformation matérielle de la fabrique, se rattache, se relie ce quelque chose, fait de la transformation de toutes choses, qui n'est en bloc ni plus ni moins que la transformation économique et politique du monde.

Car voilà qui n'est pas moins nouveau, moins moderne que l'usine elle-même, par rapporta l'ancienne fabrique : le patron, par rapport au « maître, » l'ouvrier, par rapport au « compagnon » et à « l'artisan ; » ou, comme on dit alors, « l'entrepreneur » et « l'ouvrier mercenaire. » Toutes ces inventions, toutes ces transformations de la fabrique, du moteur, de l'outillage spécial et de l'outillage social intéressent directement ou indirectement la condition de tous ceux qui font travailler et de tous ceux qui travaillent : en un seul mot, du Travail ; et c'est le premier des trois termes du problème devant nous posé. Jusque-là, entre ceux qui travaillent et ceux qui font travailler, on ne peut pas dire qu'il n'y eût pas de séparation : les privilèges de maîtrise en étaient une, et souvent très haute, très épaisse et très dure ; mais la distance était bien moins grande, et les rôles bien moins tranchés. Ceux mêmes qui faisaient travailler travaillaient ; le patron et l'ouvrier se rencontraient et se confondaient en un point intermédiaire, l'artisan, à demi patron, à demi ouvrier, qui tout ensemble était les deux, sans cependant être tout à fait ni l'un ni l'autre : les deux, en sa personne, se composaient et ne s'opposaient pas [13].

Ce n'est guère que vers 1750, — cette date marque décidément une ère, — que l'on voit se fonder des manufactures où apparaît ce type, l'ouvrier mercenaire, qui ne pouvait apparaître qu'avec l'usine et dans l'usine, ou, pour être complètement exact, qui ne pouvait apparaître en grand qu'avec les machines en grand. Partout en France, dans toutes les provinces et toutes les industries, il en est à peu près ainsi : la très forte majorité, sans comparaison, des classes qui travaillent et qui produisent, est faite de ces artisans, ni riches, ni pauvres, d'une condition comme d'une position moyenne, ayant chez eux un métier ou quelques métiers, parfois sans compagnon et parfois avec un ou quelques compagnons. Cela est si vrai qu'à prendre les choses dans l'ensemble, on ne peut même pas dire au pluriel : « les classes qui travaillent et qui produisent ; » il faut dire « la classe » au singulier, car, en vérité, elles n'en font qu'une ; le patron et l'ouvrier se touchant et se confondant en ce point intermédiaire, l'artisan, il n'y a point, au pied de la lettre, de « classe patronale » et il n'y a point de « classe ouvrière. » Mais, d'autre part, puisque l'industrie est répandue, disséminée dans les campagnes, et que le tisserand a son champ qu'il cultive, ou mieux que c'est le cultivateur qui se fait tisserand à ses heures, il n'y a pas non plus, en face d'une classe agricole, une classe industrielle. Patronale et ouvrière, industrielle et agricole, ces classes aussi sont modernes ; et s'il y en avait d'autres auparavant, noblesse, bourgeoisie, peuple, ce n'étaient pas celles-là ; modernes donc comme la grande industrie, comme l'usine, comme le patron et comme l'ouvrier.

Longtemps, en cet éparpillement du travail, les manufactures appartenant au roi et les manufactures dites royales ou en possession d'un privilège du roi furent seules ou presque seules à représenter l'industrie concentrée ; mais, vivant surtout d'exemptions et de subventions, aussi bien leurs directeurs que leurs employés à tous les degrés sont plutôt des fonctionnaires que des patrons ou des ouvriers [14]. Ce n'est que lorsque la concentration de l'industrie passe de l'état d'exception à l'état de règle, lorsque s'élève l'usine et que tout travail industriel tend vers l'usine, que, dans la force du terme, il y a, d'un côté, le patron, et, de l'autre côté, l'ouvrier. Entre le maître de l'ancien régime et le patron du régime nouveau, la transition est « l'entrepreneur de fabrique, » que l'*Encyclopédie méthodique*, — cette même *Encyclopédie* où Roland définit l'usine, — à son tour définit ainsi : - ; L'entrepreneur, qu'il connaisse ou ne connaisse pas le détail des opérations d'un grand objet, est celui qui les embrasse toutes, ainsi que les spéculations qui y ont rapport, et qui a, en sous-ordre, des contremaîtres et des commis pour diriger les unes et les autres et les lui apporter comme à un centre qui leur est commun. L'homme qui est à la tête d'un établissement en grand où l'on emploie diverses sortes de matières, ou d'un établissement où l'on modifie très diversement la même matière, cet homme est un entrepreneur [15]. »

Et cet homme est en train de devenir, au sens moderne, le patron. Il le sera, la maîtrise se sera transformée en patronat, quand, après 1750, sous Gournay et les deux Trudaine, l'abandon du système de privilège et de monopole, l'affranchissement progressif de l'industrie et du commerce, puis quand, sous Turgot, l'édit de février 1776 pour l'abolition des maîtrises, auront ouvert libre carrière à la concurrence impatiente de toutes les énergies. Ce sera enfin le patronat moderne, non seulement le patronal simple, mais le patronat collectif, quand la nouvelle installation et le nouvel outillage des usines exigeant de fortes dépenses, il faudra trouver les ressources et qu'ainsi la carrière s'ouvrira également à la concurrence et à l'association de tous les capitaux Après ou avec le patron et lu patronat, au sens moderne, c'est donc *le capital* au sens moderne ; et l'introduction de ce nouveau facteur dans l'organisation de l'industrie achève la transformation. Les termes, en effet, se correspondent et se complètent. Dès que le patron existe, par cela même existe l'ouvrier ; dès qu'il existe une classe patronale, par cela même existe une classe ouvrière ; dès que l'une de ces classes est nécessairement capitaliste, l'autre, par cela même, est nécessairement mercenaire ; et, par cela même, le rôle moderne du capital détermine le régime moderne du travail. Le premier changeant, le second a changé ; qu'est-il devenu, et ce qu'il est, comment l'est-il devenu ?

L'abolition des maîtrises a eu pour corollaire l'affaiblissement du compagnonnage, ou, si c'est trop dire, qu'elle l'eut pour corollaire, — ce qui implique une dépendance, — elle en fut du moins, selon la formule, précédée ou accompagnée ; les deux phénomènes se produisirent simultanément et se poursuivirent parallèlement, n'étant au bout du compte que deux aspects d'un seul et même phénomène, la transformation de l'industrie. Ni la maîtrise, ni le compagnonnage, faits à la taille et sur le modèle de l'atelier, ne pouvaient remplir le cadre si prodigieusement élargi de l'usine ; faits pour l'ancien régime du Travail, ni l'un, ni l'autre ne pouvaient s'adapter au régime nouveau. Le compagnonnage ne s'était jamais du reste étendu à toutes les professions ; il ne les avait jamais embrassées ou englobées toutes ; et, quoique son action se fît partout sentir, plus ou moins pesante et plus ou moins intermittente, il n'avait jamais, n'occupant en permanence que certaines villes, couvert l'ensemble du pays : ni unité de lieu, ni unité de plan, ni unité de rites. Il avait été, il était encore, et il était de plus en plus une organisation de lutte entre ouvriers de la même profession, compagnons et non compagnons, appartenant à un « devoir » ou à un autre, au moins autant qu'un instrument de combat contre les maîtres : — des coteries, et non une classe.

Dans le moment de sa force, cependant, un de ses défauts, et des pires, avait été de viser à monopoliser le travail, en accaparant la fourniture de la main-d'œuvre, en ne souffrant pas chez les patrons d'autres ouvriers que ceux qu'ils recevaient de lui, qui étaient à lui, et qu'il reprenait à sa convenance ; par là, le compagnonnage était encore, en de certains cas, le maître des maîtres, qu'il tenait à sa merci, et se libérer de sa servitude passait au rang de leurs plus grosses préoccupations. Cette libération, l'usine l'accomplit partout où l'usine est possible ; et si, plus tard, on devait voir renaître des servitudes semblables, celle-là n'en fut pas moins pour quelque temps détruite. Comme l'industrie concentrée réclamait, à poste fixe sur un point fixe, un personnel extrêmement nombreux, ce personnel, le compagnonnage nomade et limité ne pouvait le tirer de son propre sein : il lui fallut donc tolérer que l'on trouvât une place sans être affilié ; et donc, incompatible avec l'usine, le compagnonnage fut réduit aux seuls métiers qui précisément ne peuvent s'accommoder du système de l'usine, qui vont chercher et exécuter le travail sur place : c'est ainsi que les charpentiers sont et seront ses derniers fidèles [16].

Au demeurant, dans le régime moderne du Travail, il y eut bien autre chose de changé que le mode de l'embauchage ; le contrat de travail le fut tout entier, car toutes les conditions du travail changeaient. Pour ne retenir que le premier des actes sur lesquels il porte, n'est-il pas évident que l'apprentissage, par exemple, ne pouvait pas être, dans un régime non hiérarchisé qui repose sur la concurrence et le patronat, le même que dans un régime hiérarchisé qui aboutissait au privilège et à la maîtrise ? Ainsi jusqu'à la rupture du contrat : comment eût-elle été, dans un régime ayant la liberté et l'égalité pour principes, la même que dans un régime où il est à peine exagéré de dire que le maître exerçait parfois sur le compagnon qui le quittait avant le jour convenu comme un droit de suite, équivalant encore à un demi-servage, et où c'était un terme courant que celui d'ouvrier « déserteur ? »

Ainsi de tout le reste : tout change. Ce n'est pas pourtant que, lui-même, l'ancien régime du travail n'eût pas connu quelques-unes des difficultés, quelques-uns des problèmes du régime nouveau. Dès l'apparition de la grande industrie, et alors qu'elle n'était encore qu'une exception, on a bataillé pour la réduction de la journée de travail, et, dans la seconde moitié du XVIIIe siècle, elle a diminué ; pour l'augmentation des salaires, et, dans la seconde moitié du XVIIIe siècle, ils ont augmenté [17]. Non seulement les difficultés, mais les maladies du Travail, le XVIIIe siècle les a presque toutes connues : il a vu des chômages, aussi longs ou plus longs que les nôtres, et aggravés singulièrement par des disettes ou d'extrêmes chertés ; il a vu des grèves, issues souvent des mêmes causes que les nôtres, aussi violentes, et plus durement réprimées. Mais ce sont les mêmes choses, et néanmoins ce sont de tout autres choses : car la même chose ne se gouverne pas de la même manière, en un autre temps et un autre milieu. A ce grand changement dans la constitution du Travail, pour décider si la masse a gagné ou perdu au total, perdu ici ou gagné là, et ce qu'elle a gagné ou perdu, il faudrait prendre ; chapitre par chapitre et article par article, entrer assez avant dans les choses, faire pour le passé ce que nous ferons pour le présent, parcourir l'un après l'autre, tout en les rapprochant comme en une comparaison perpétuelle, les quatre domaines à la fois indépendants et inséparables dont nous avons dit que se compose cette espèce de règne naturel ou social : le Travail ; et ce n'en est point le moment. En gros, les faits matériels de Tordre économique nous ont montré ceci, qui forme arête et ligne de faîte, et qu'il est nécessaire, mais suffisant de ne pas perdre de vue : avec le nouvel outillage et le moteur nouveau, l'eau d'abord, et puis, et surtout, la vapeur, est apparue l'usine ; avec l'usine, est apparue véritablement la grande industrie ; avec la grande industrie, est apparu le régime nouveau du Travail ; et dans ce nouveau régime, ce qu'il y a sans doute de plus nouveau, c'est premièrement, en regard du patron, l'ouvrier ; c'est ensuite, en opposition à une classe patronale, une classe ouvrière ; au résumé, c'est le nouveau corps et, on le verra plus loin, la nouvelle âme, c'est le nouvel être du Nombre.

II

Mais l'ordre économique et l'ordre politique sont l'un à l'autre en une telle corrélation, en une telle connexité, que les faits qui marquent dans l'un ont plus que leur répercussion, développent leurs conséquences jusque dans l'autre ; et la transformation du Travail ne pouvait guère aller sans une transformation plus ou moins radicale de l'État. En France, quand, après 1750, lentement et par degrés, le Travail se transforme, par degrés et lentement comme le Travail lui-même, l'État aussi se transforme. La révolution économique tendant à substituer partout au travail dispersé le travail concentré, au monopole la concurrence des capitaux et des bras, au régime de la petite industrie le régime de la grande industrie, la révolution politique tend, chez nous absolument, avec tempéraments et ménagements ailleurs, à substituer à un Etat de divers états un Etat unifié par l'égalité de droit, au privilège la concurrence des personnes et des classes, à une société de type féodal une société de type industriel. Peu à peu, la double révolution déplace l'axe de l'État qui, par elle, en passant et en faisant halte à cette station moyenne, la bourgeoisie, va glisser. — chez nous tout à fait, et ailleurs plus ou moins, — de la noblesse au peuple, en trois temps bien comptés : avant 1789 ; de 1789 à 1818 : et depuis 1848 ; car cette Révolution n'éclate, n'atteint au sommet, n'attaque et ne renverse la forme même du gouvernement que lorsque déjà elle s'est accomplie dans les profondeurs et qu'elle a totalement défait et refait par le dedans l'armature de la société.

Le branle, une fois donné, ne tardera pas à emporter la politique tout entière, mais il est sensible d'abord en ce qui touche de plus près à l'ordre économique. Jusque-là, il avait été interdit de changer d'outillage sans autorisation préalable, et une ordonnance de 1723 défendait encore d'agrandir et de modifier la disposition des fourneaux d'usines à feu. Le nombre de ces usines, forges, verreries, etc., était strictement limité, dans la crainte que le bois ne vînt à manquer, et la prohibition n'était tombée qu'après que l'on avait eu entrepris activement la recherche et l'exploitation des mines de houille, c'est-à-dire sous la Régence. Les usines à eau n'étaient guère mieux traitées, et, comme si l'on eût craint aussi d'épuiser les rivières, on exigeait toutes sortes de permissions pour l'établissement d'un moulin.

A ces empêchements, tirés en quelque sorte de considérations naturelles, venaient s'en ajouter d'autres, tirés de considérations sociales. L'État, de haut en bas et de bas en haut, était immuable ; chacun y naissait dans sa case, où il grandissait ou végétait, mais d'où il ne pouvait sortir : le fils d'un maître de métier était maître, il ne pouvait être que maître, et nul ne pouvait l'être que lui ; maître en un métier, on ne pouvait l'être qu'en ce métier ; dans la plupart des cas, la noblesse se perdait et, dans aucun, elle ne s'acquérait par le commerce. C'était une société à cloisons étanches, où ni les hommes, ni les professions, ni les conditions ne se mêlaient. L'État maintenait, conservait, consacrait ; il ne créait pas ; l'État visait par-dessus tout à être stable et se souciait modérément d'être progressif.

Charles Benoist

Dans l'ordre économique, le Travail, et, dans l'ordre politique, l'État, étaient tout de tradition et d'immobilité ; mais voici que l'un et l'autre désormais allaient être tout de mouvement et de permutation ; et la nécessité d'innover dans L'un devait contraindre à innover dans l'autre. Ici encore, la concordance, la coïncidence est frappante ; c'est à partir des alentours de 1750, du moment où commence à se transformer l'industrie, que l'état commence à délier le Travail des langes où il le tenait emmailloté. En 1754, un arrêt du Conseil autorise la libre fabrication de la bonneterie, et, quelques années plus tard, des toiles. Après 1700, le titre privilégié de manufacture royale, qui s'obtenait surtout par brigue, n'est plus accordé qu'en de très rares occasions, Gournay, les Trudaine contribuent à cet affranchissement, que Turgot achève par le fameux édit de 1770, dont on a pu dire qu'il fut à lui seul toute une révolution, mais qui, beaucoup plus encore qu'une révolution soudaine, était, tant ses voies se trouvaient préparées, l'aboutissement, aux confins de l'ordre économique et de l'ordre politique, d'une évolution déjà longue. Tandis, en effet, que naguère le commerce emportait généralement dérogation à noblesse, maintenant, au contraire, cette défaveur était abandonnée, cette déchéance suspendue, et, depuis le premier quart du siècle, on avait vu les gentilshommes des plus grandes maisons demander des concessions minières et s'intéresser en des sociétés industrielles ou commerciales [18]. Ce n'était pas tout, et Turgot osait à présent proposer que le commerce pût, pour récompenser des services éminents, donner droit quelquefois à collation de noblesse.

Ainsi se fendaient, avant de s'abattre, les cloisons étanches de la société, et, par les fissures, passaient, dans les deux sens, se mélangeant et prenant un commun niveau, les castes d'hier qui demain ne seraient plus que des classes. Ainsi se faisait la mutuelle compénétration de l'Honneur et de l'Argent ; et ainsi se formait, — son élévation sociale constituant une part importante de sa rémunération, — cette large et solide bourgeoisie industrielle qui, à son tour, durant une cinquantaine d'années, allait être la principale assise de l'État. Mais ainsi, avec le Travail et en même temps que lui, l'État n'en était pas moins comme saisi en son fond et comme retourné. Le Parlement de Paris ne s'y trompait pas, quand, par la voix de Séguier, présentant au Roi ses remontrances sur l'édit de mars 1776, il s'écriait : « Les corporations….., c'est une chaîne dont tous les anneaux, vont se joindre à la chaîne première, à l'autorité du trône, qu'il est dangereux de rompre. La seule idée de détruire cette chaîne précieuse devrait être effrayante… et l'édifice même de la constitution politique serait peut-être à reconstruire dans toutes ses parties [19]. »

Ces inquiétudes n'étaient sans doute point exagérées, mais sans doute aussi elles venaient un peu lot et allaient un peu vite : on n'en était pas encore là, et pour l'heure, quoique Turgot dans ses considérants et Séguier dans ses observations aient tous les deux parlé très clairement des ouvriers et même de la « classe » ouvrière, — « cette *classe* d'hommes, dit Turgot, qui, n'ayant de propriété que leur travail et leur industrie, ont d'autant plus le besoin et le droit d'employer, dans toute leur étendue, les seules ressources qu'ils aient pour subsister, » — cependant, il s'agissait, en réalité, du commerce et de l'industrie, c'est-à-dire du patron, du bourgeois, beaucoup plus que de « la classe ouvrière » ou même du simple ouvrier.

Après comme avant 1776 (on sait d'ailleurs que l'œuvre de Turgot ne survécut pas à sa chute, et que, dès le mois d'août, il ne restait rien de ce qui avait été fait si péniblement au mois de mars), après 1776 comme avant, l'ouvrier ne cessa pas d'être l'objet d'une espèce de suspicion légitime. La harangue de Séguier nous livre là-dessus toute sa pensée, et toute la pensée officielle d'alors, en cette phrase qui répond presque mot pour mot à la phrase tout de suite célèbre de Turgot : « Il est surtout des classes sur lesquelles la police doit réunir toute sa vigilance. Elle veille de loin sur le riche ; il est intéressé au bon ordre ; mais, en protégeant le pauvre, elle veille de plus près sur sa conduite, parce qu'il n'aurait qu'à gagner dans le trouble. Et quelle classe doit attirer de plus près son attention qu'une classe d'hommes d'autant plus dangereux que leur art leur fournit plus de moyens pour nuire, et d'autant plus à craindre qu'ils ont plus de besoins ? » Sans contester qu'il y eût de bons ouvriers, « laborieux, actifs, sages, » et tout en l'admettant expressément, on ne pouvait s'empêcher fie songer plutôt aux autres, « dissipés, inconstants, sans conduite, » et derrière eux, et en eux-mêmes, « à ces êtres nés pour le trouble des sociétés, chez qui les passions, moins domptées par l'éducation, joignent à l'énergie brute de la

Charles Benoist

nature cette activité qu'elles acquièrent au milieu de la licence des villes [20]. »

Dans cette idée officielle qu'a de l'ouvrier le XVIIIe siècle finissant, comment ne pas remarquer qu'il entre on ne sait quoi du sentiment méfiant de ce personnage de comédie qui voudra bien, lui aussi, encourager les arts, mais non les artistes : le XVIIIe siècle, même encyclopédiste et économiste, fait de même ; il veut bien protéger le travail, mais se sent pour le travailleur tout autre chose que de la tendresse. En fait, dans le travail, depuis qu'on s'est décidé à le libérer et à l'honorer, ce qu'on libère, c'est l'entreprise, et ce qu'on honore, c'est le produit : mais le travail et le travailleur, l'œuvre manuelle et le manœuvre, gardent toujours, — sauf ce que l'expression a d'excessif, — comme une tare de servilité.

Cela est vrai de cette survivance du droit de suite, le droit qu'a le maître de retenir son compagnon, et cela est vrai de bien d'autres choses. Cela est vrai du droit que semblent à l'occasion disposées à s'arroger les puissances constituées, — inventant, en avance de près d'un siècle, les ateliers nationaux, — de déporter à leur gré les ouvriers d'une province à une autre, et, si elles jugent qu'il y en a un trop-plein, de les faire passer, comme il leur plaît, du métier à la terre [21]. Cela est vrai du droit que ces mêmes puissances s'adjugent de condamner, lorsqu'elles le croient expédient, ces mêmes ouvriers à se contenter de ce qu'il faut tout juste pour vivre le plus mal et au plus bas prix, de fixer pour eux non point un minimum, mais un maximum de salaire, de qualifier leur simple réunion d'attroupement, leur accord de cabale, leur mécontentement de mutineries, et leurs réclamations de rébellion. Cela est vrai, en un mot, de ce droit perpétuel et universel, et qui est à leur égard tout le droit public du royaume, « de les mettre à la raison ; » et cela demeure vrai jusqu'à la veille de 1789. Jusqu'à 1789, même quand l'État militaire « s'industrialise » et quand l'État aristocratique s'embourgeoise, l'État fait comme du socialisme à rebours ; il y a comme un *antisocialisme* d'Etat, si c'est de l'« antisocialisme » que toute la force de l'État s'emploie en faveur du patron contre l'ouvrier.

Le plus singulier, c'est que cela demeure encore vrai, en fait, sinon théoriquement, même au-delà de 1789, même à travers la Révolution française. Non pas théoriquement ; car, on principe, la Révolution déclare pour toute l'humanité les droits de l'homme et pour tous les Français les droits du citoyen ; proclame à la face du monde la liberté, l'égalité, la fraternité ; annonce aux peuples la souveraineté du Peuple ; conçoit et définit l'État de telle façon que dorénavant il ne saurait être, — je dis en principe et en doctrine, — qu'un équilibre parfait et scrupuleusement maintenu de tous les droits, de toutes les libertés et de toutes les parts de souveraineté entre tous les citoyens et tous les hommes. Dans cette hypothèse, qui est la thèse révolutionnaire, l'État ne penche, — je veux dire qu'il ne doit pencher, — ni d'un côté, ni de l'autre ; et, en l'espèce qui nous occupe, il n'est, — je veux dire qu'il ne devrait être, — ni pour le patron contre l'ouvrier, ni pour l'ouvrier contre le patron.

Mais si, en fait et malgré tout, l'État ne peut point ne pas être entraîné d'un côté plutôt que de l'autre, il semble que dès lors il dût l'être du côté où pesait du poids le plus lourd le plus gros amas de parts égales de souveraineté ; on l'espèce, du côté des ouvriers, qui étaient le Nombre. Il en fut pourtant tout différemment. En fait, la Révolution française n'a rien ou presque rien abandonné, à l'égard de l'ouvrier, des préventions et des précautions de l'ancien régime. De lui, de l'ouvrier, l'Assemblée nationale ne se méfie guère moins que jadis le Parlement ; et la loi de 1791 n'est guère moins sévère envers lui, si elle ne l'est davantage, que les ordonnances de mars 1780, d'avril 1777, ou moins que les règlements de janvier 1749. Bien que le plus souvent, dans les émeutes et les insurrections, le Travail soit représenté ; surtout par de faux ouvriers dont la spécialité est de ne point travailler, c'est chez les ouvriers en général, chez ceux-là mêmes qui sont vraiment le Travail, que Le Chapelier on 1791, comme Séguier en 1776, redoute, au fond de son âme, « ces êtres nés pour le trouble des sociétés, d'autant plus à craindre qu'ils ont plus de besoins et d'autant plus dangereux que leur art leur fournit plus de moyens de nuire. » Contre eux l'Assemblée nationale prend les mêmes mesures que le Parlement estimait devoir prendre ; elle professe, elle aussi, qu'en protégeant le pauvre, il faut que la police veille de plus près sur sa conduite ; » et cela, par le même motif, — toujours le même : — la peur de cet élément de désordre et de perturbation, « parce qu'il n'aurait qu'à gagner dans le trouble. »

La Révolution, donc, n'a pas su se guérir de cette « phobie » d'ancien régime, et qu'elle ne s'en soit pas guérie, il n'y a là rien

Charles Benoist

qui puisse étonner : ni dans ses causes, ni dans ses origines, ni dans sa direction, ni dans son personnel, la Révolution de 1789 n'a été une révolution ouvrière : de point en point, et, d'un bout à l'autre, et du commencement à la fin, par quelques phases qu'elle ait passé et par quelques mains, elle porte l'empreinte, la marque de fabrique « bourgeoise, » et de la plus fermée, de la plus jalouse, de la plus aristocratique des bourgeoisies, cette bourgeoisie de Palais qui ne vit qu'avec soi-même et qui n'a pas d'ailleurs beaucoup plus de sympathie pour la bourgeoisie de boutique, commerçants ou industriels, que pour les ouvriers, gens de négoce ou de besogne, les uns et les autres petites gens à ses yeux. Car son libéralisme est tout oratoire, et de tête ; sa « sensibilité » est toute verbale : libéralisme et sensibilité sont les épanchements par où s'écoule au dehors la littérature dont elle est imbue ; mais elle n'a dans le cœur et dans le sang que son Moi. On comprend que, faite par elle, la Révolution française n'ait fait pour l'ouvrier, philosophie, philanthropie et phraséologie ôtées, rien, ou si peu que rien, de direct et de positif.

Est-ce à dire toutefois que, pour lui, elle n'ait absolument rien fait à échéance plus ou moins reculée et de façon plus ou moins détournée ? Ce serait se moquer que de le prétendre ; tout au contraire, elle a beaucoup fait, indirectement, de deux manières : elle a fait les deux plus grandes choses qui pussent être faites, si, en vérité, la double secousse, le double ébranlement d'où devaient sortir et la transformation psychologique de l'Individu, d'une part, et, d'autre part, la transformation juridique de l'État, c'est elle qui les a imprimés à une société avant elle stagnante. Avant elle, l'Individu traînait en quelque sorte entre deux éternités, la première au-dessus de lui, la seconde autour de lui, une existence résignée et pleine du sentiment de l'immuable : il en était ainsi, parce qu'il en avait été toujours ainsi, et, parce qu'il en était ainsi, il en serait toujours ainsi. C'était plus qu'un ordre, c'était l'Ordre, auquel il ne pouvait être dérogé. Et de cet ordre immuable l'État était l'immuable conservateur ; un État, d'ailleurs, où l'on ne voyait jamais agir une force qui ne fût pas la suprême autorité, et où l'autorité suprême, éternelle comme le reste, était-il ne se peut plus personnelle, transmise et perpétuée de prince à prince en la seule personne du Prince, personne unique de l'État. Mais voici que soudain la Révolution venait dire que ce que l'on avait cru être tout en Un était par fractions égales en Tous ; et voici qu'elle révélait dans l'État une autre force, un autre droit, une autre souveraineté : la force, le droit et la souveraineté du Nombre.

Il était certes impossible, dès cet instant, que la démonstration ne « sortît » pas, le temps accompli, « son plein effet, » mais, ce plein effet pourtant, elle n'allait le sortir qu'à la longue. En attendant, et pendant, un demi-siècle encore, malgré le transfert de la souveraineté, la déclaration des droits, et l'éruption de la force, malgré la doctrine et la théorie, malgré les Immortels principes, et la Liberté et l'Egalité, en fait l'État ne cessait pas de pencher du côté du patron plutôt que du côté de l'ouvrier : seulement, tant que durèrent la Révolution elle-même, puis l'Empire, on n'y prit presque pas garde, car, pour la France, le Travail était ailleurs, et ce qui eût formé la classe ouvrière était en grande partie absorbé par l'armée. Mais, l'Empire tombé, la paix revenue, de ce même côté, du côté du patron, l'État allait pencher plus fortement que jamais, quand le système censitaire aurait remis à la bourgeoisie, sous une royauté constitutionnelle, la réalité du pouvoir, maintenant placée dans l'argent.

De 1815 à 1848, le régime censitaire ou, mieux, les deux régimes censitaires, la Restauration de la branche aînée et la monarchie de Juillet, furent proprement le règne de la bourgeoisie. C'est le temps où la grande industrie se développe ; l'aristocratie se relève, la bourgeoisie s'épanouit ; et, sans doute, de par les mœurs aussi bien que les institutions, le débat est entre elles, entre la bourgeoisie et la noblesse, — Sacs et Parchemins, — quand il n'est pas entre les diverses sortes et les diverses catégories de bourgeoisie : professions libérales et métiers productifs, grande, moyenne et petite bourgeoisie, le degré n'étant au surplus marqué que par tant ou tant de mille livres de rente. De toute façon, la bourgeoisie emplit l'Etal. Le comte Popinot et le baron Poirier sont ministres et pairs de France : le projet, autrefois caressé par Turgot, de conférer la noblesse pour services commerciaux ou industriels éminents, est singulièrement dépassé. Si pauvreté n'est pas vice, richesse est vertu d'Etat. La formule, qui, du reste, ne mérite pas les hauts cris qu'elle a fait jeter, puisqu'elle ne résume pas une morale, mais une politique, est : « Enrichissez-vous. » Or, la richesse étant le produit

Charles Benoist

de deux facteurs, le capital et le travail, l'État la comble des faveurs publiques en celui de ces deux facteurs où elle est le plus visible, le capital : dans le travail, elle se voit moins, s'aperçoit à peine ; il n'est pas inscrit au Grand Livre et ne paye pas deux cents francs de contributions directes ; par conséquent, on le néglige un peu.

Et l'on s'en fait d'autant moins de scrupule que lui-même, en apparence, se soumet et ne proteste point. Il y a bien par-ci par-là quelques grèves, mais n'y en a-t-il pas toujours eu ? quelques barricades, mais n'est-ce pas le sort commun à tous les régimes ? quelques attentats même, mais n'est-ce pas le crime isolé d'une poignée de conspirateurs ? Ce qu'on voit du Peuple est satisfait ; donc le Peuple doit être satisfait ; et l'on oublie que dans le Peuple, comme dans la mer, il y a en tout temps ce qu'on ne voit pas ; que, sous la surface la plus calme, peuvent s'enfler les grandes lames de fond. Il y a bien aussi quelques utopistes, quelques fous, qui vont prêchant un évangile étrange et pour qui le Capital n'est pas cette divinité que 1830 adore ; mais combien sont-ils, qui sont-ils ? Des nobles ou des bourgeois dévoyés, postérité lointaine de Babeuf ; un Saint-Simon, des Enfantin, des Fourier, des Cabet, des Barbes, des Louis Blanc, des Considérant, des Blanqui, et qui les écoute ? qui les prend au sérieux ? Personne, ou seulement quelques hallucinés comme eux-mêmes ! Tout cela se passe, si tant est qu'il se passe quoi que ce soit, dans le royaume, faut-il dire de l'idée où de la chimère ? mais non pas dans le royaume de France, sûrement, sous le règne du roi Louis-Philippe. Tout à coup la tempête accourt, la foule se rue sur les pas des prophètes solitaires. La révolution était faite avant qu'on se fût persuadé qu'elle si pouvait faire ; et c'était, par son prétexte, la plus absurde, mais, par son caractère, la plus inévitable, et, par sa portée, la plus considérable des révolutions. Il était absurde, en effet, que le Peuple s'émût pour l'adjonction aux listes électorales de quinze ou seize mille « capacités ; » aussi n'est-ce pas ce dont il s'émut : l'écume n'explique pas la tempête, mais la lame de fond l'explique. Ce que la Révolution de 1848 avait d'inévitable et de considérable, Proudhon l'a bien compris et il l'a vigoureusement rendu, en une de ces oppositions violentes qui lui sont coutumières : « Tout gouvernement, écrit-il, s'établit en contradiction de celui qui l'a précédé ; c'est là sa raison d'évoluer, son titre à l'existence. D'après cette loi d'évolution, le gouvernement de Louis-Philippe, renversé inopinément, appelait son contraire. Le 24 février avait eu lieu la déchéance du Capital ; le 25 fut inauguré le gouvernement du Travail. Le décret du gouvernement provisoire qui garantit le droit au travail fut l'acte de naissance de la République de février [22]. »

A peine née, la seconde République se mit à agir énergiquement et précipitamment ; et tout de suite, poussant et bousculant l'État, elle le jeta du côté du Travail. Dès le 24 février, on nomme le gouvernement provisoire : la foule exige que l'on y fasse entrer un ouvrier, Albert [23] : le 25, sur les instances d'une députation ouvrière, le droit au travail est reconnu et « le million qui va échoir de la liste civile » rendu « aux ouvriers auxquels il appartient. » Le 28, une autre députation vient demander la création d'un ministère du Travail ; elle échoue, mais n'échoue qu'à demi, car, à défaut d'un ministère, on lui accorde une Commission de gouvernement pour les travailleurs. Cette Commission s'installe au Luxembourg, et avec elle s'y installe, — c'est son président en personne, Louis Blanc, qui l'avoue ou qui s'en vante, — le socialisme théorique et pratique. Et le donne d'abord au peuple des mots, une proclamation, puis des projets de loi qui ont pour objet d'émanciper le travail par une intervention de l'État, d'assurer la « solidarité » entre tous les ateliers d'une même industrie, et entre toutes les industries ; elle lui donne quelque chose de plus, et, dans sa première séance, elle décrète l'organisation immédiate de la représentation de la classe ouvrière ; elle convoque le Parlement du Travail. Alors projets et décrets se succèdent et s'entassent : pour In réduction des heures de travail et l'abolition du marchandage, pour la fondation de cités ouvrières, pour l'institution de bureaux officiels rapprochant l'offre et la demande du travail, pour la résiliation des marchés affermant le travail des prisons, contre l'expulsion des ouvriers étrangers. A l'appel de la Commission de gouvernement, les associations coopératives de production sortent de terre : tailleurs, selliers, fileurs, passementiers, et elles essayent de se fédérer en union. La plupart disparaissent d'ailleurs, et leur faillite particulière va se perdre dans la faillite générale des Ateliers nationaux, qui est la faillite même de 1848.

En cette lamentable débâcle, on dirait que tout est englouti, et il est vrai qu'il ne reste presque rien des mesures spéciales que

1848 avait prises, de ce qu'il avait voulu, du jour au lendemain, faire pour les ouvriers ; mais néanmoins tout reste, puisqu'il reste le suffrage universel. Il reste la contradiction, à laquelle il n'y a qu'une conciliation possible, que « le peuple soit à la fois misérable et souverain ; » et cette contradiction implique tout ensemble et le germe d'une révolution sociale et le moyen d'une révolution légale. Le jour de mars 1848 où Ledru-Rollin fait promulguer le suffrage universel renferme en soi toute l'histoire politique et sociale qui doit suivre, tout le second Empire et toute la troisième République. Ce jour-là, se rejoignent et se soudent les deux révolutions : la révolution politique et la révolution économique, pour se combiner et se dérouler en une révolution sociale ; ce jour-là, s'achève la transformation juridique de l'État, après la transformation psychologique de l'ouvrier ; et, comme l'ouvrier est le Nombre, comme le Nombre désormais est l'État, ou encore, comme le Travail et l'État sont reliés l'un à l'autre et agissent l'un sur l'autre par le Nombre, ce jour-là, commence, et ne s'interrompra plus, la transformation légale de la société.

III

La transformation psychologique de l'ouvrier est complète sous divers rapports, et elle tient à diverses causes ; du milieu du XVIIIe à la fin du XIXe siècle, non seulement il a changé ; *il est changé* : changé dans sa mentalité, dans sa moralité, et comment dire ? dans sa sociabilité. Changé premièrement par la transformation matérielle de la fabrique en usine, qui refait à nouveau la répartition géographique du Travail, en amène la concentration, agrège et consolide ainsi les ouvriers en une classe ouvrière, en un corps vertébré, avec des centres nerveux, un système nerveux central, avec une conscience collective, avec une âme de classe. Changé ensuite par la transformation de l'outillage, par la machine, dont on a beaucoup trop médit, et qui, loin d'asservir l'ouvrier à une tache abrutissante, aurait bien plutôt contribué, du moins en général, à ouvrir, à assouplir et à élargir son intelligence. Changé encore par la transformation de l'outillage social, par la facilité prodigieusement accrue des communications de toute sorte, qui a établi d'une extrémité à l'autre de ce grand corps de la classe ouvrière comme une circulation incessante. Changé enfin, tout jeune et avant le travail même, par l'école primaire ; par l'enseignement professionnel, qui, à mesure que l'industrie devenait de plus en plus mécanique, a dû devenir de plus en plus technique, et qui peu à peu a remplacé ou, sinon remplacé, réduit l'apprentissage purement manuel ; par le service militaire obligatoire ; par les cours du soir, les conférences, les réunions, par toute la propagande, écrite et parlée ; — changé, — que ce soit un bien ou un mal, — par le livre à bon marché, la brochure distribuée et le journal à un sou.

Cela dans sa mentalité. Mais, deuxièmement, changé dans sa moralité par le changement total des circonstances et des conditions de la vie : par un effet de la concentration elle-même du Travail et de l'agglomération des travailleurs en des villes populeuses ; par la diffusion du bien-être et des goûts de bien-être ; par le développement un peu artificiel des besoins, l'abondance et le bon marché des satisfactions ; par le fléchissement de toutes les barrières et le relâchement de toutes les contraintes ; par la diminution de tout respect, la perte de toute influence, et la mort de toute tradition. Troisièmement, l'ouvrier est changé dans sa sociabilité par l'effet toujours de sa concentration en groupements nombreux, serrés et exclusifs, et par la constitution de ces groupements à l'état de classe ouvrière ; changé, parce que, dans la coutume ancienne du Travail, il vivait avec le patron, dont il était plus près certainement que des ouvriers d'une autre corporation, et souvent même que des compagnons du même métier placés chez un autre maître, à combien plus forte raison des ouvriers d'une autre profession, dans un autre lieu. Au contraire, d'après le statut moderne, par le syndicat, — malgré la tentative timide et médiocrement suivie de syndicats mixtes rapprochant les ouvriers et les patrons, — l'ouvrier ne vit guère qu'avec l'ouvrier, de la même profession d'abord et de la même usine ou de la même mine, sans doute ; mais, en outre, par les unions de syndicats, il peut prendre le contact de tous les ouvriers de sa profession, et de l'ouvrier de toutes les professions, dans le pays tout entier : lequel contact une fois établi, l'ouvrier se considérant partout comme solidaire de l'ouvrier et nulle part comme solidaire du patron, on peut bien dire que sa sociabilité est changée. — Et, par ces trois variations de sa mentalité, de sa moralité et de sa sociabilité, on peut donc dire que s'est accomplie la transformation psychologique de l'ouvrier.

Charles Benoist

Pour la transformation juridique de l'État, on a vu comment elle s'est produite. Premièrement, ce fut la politique commerciale et industrielle qui changea. Auparavant, l'État tenait en une tutelle jalouse l'industrie et le commerce, en permettait ou en défendait l'exercice, qu'il réglementait jusqu'aux plus petites choses, les déconsidérait plus qu'il ne les favorisait, gardait sur eux une sorte de domaine éminent, tantôt les subventionnait et tantôt les rançonnait, ou subitement les abandonnait, mais jamais ne les laissait à eux-mêmes, émancipés, intéressés et responsables. Maintenant, au contraire, il leur rendait les rênes, il secouait l'assoupissement où les avaient plongés l'habitude de se sentir surveillés, garantis, attachés de très court, circonscrits de très près dans le profit comme dans la perte, et l'indifférence, qui en était la suite, au succès ou à l'échec ; il les revivifiait par la liberté, les tonifiait par la concurrence, les aiguillonnait par la crainte de l'échec et les éperonnait par l'espoir du succès, que seul il promettait de récompenser.

Deuxièmement, lorsqu'il eut changé de politique envers l'industrie, l'État ne tarda point à en changer envers le travail. Auparavant, il traitait le droit de travailler comme un droit régalien, qu'il dispensait ou refusait à son caprice et sous ses conditions ; qui dépendait, ainsi que tant d'autres, ainsi que tous les autres, du bon plaisir du prince ; qui n'appartenait qu'à ceux à qui sa grâce le concédait, pour l'objet auquel il les destinait, dans le lieu et le coin de ce lieu qu'il leur désignait ; mais que ceux à qui il ne l'accordait pas explicitement et presque nominativement, ou qui y ajoutaient quelque objet accessoire ? , ou qui le transportaient d'un lieu au voisin, que ceux-là alors usurpaient. Maintenant, au contraire, il rejetait loin de lui « une pareille maxime, » cette maxime à l'appui de laquelle venaient uniquement des raisons d'abusive et funeste fiscalité, « que le droit de travailler était un droit royal, que le prince pouvait vendre, et que les sujets devaient acheter [24]. » Illusion, que ce prétendu droit royal ! Le droit de travailler n'est pas un droit royal, c'est un « droit naturel [25] : » et s'il est de droit divin, ce n'est pas du droit divin du prince, mais du droit divin de tous les hommes : « Dieu, en donnant à l'homme des besoins, en lui rendant nécessaire la ressource du travail, a fait du droit de travailler la propriété de tout homme, et cette propriété est

la première, la plus sacrée et la plus imprescriptible de toutes. »
N'est-ce pas, sous la Monarchie, en 1776, — et n'est-ce pas dans ses
termes propres, la Déclaration des droits ? N'en est-ce pas, quinze
ans en avance, l'article 1er ? Quelque chose est donc changé dans
l'Etal, et non pas seulement dans la politique, dans la conduite,
mais dans la logique, dans la conception de l'Etal. Viennent les
temps qui le changeront dans son essence et sa substance, dans sa
nature et sa structure ; et troisièmement, ce qui, au début, n'était
qu'un changement politique sera la transformation juridique,
pleine et parfaite, de l'État ; tout dans l'État, et l'État lui-même, en
sera changé.

Quant à la transformation légale de la société, elle découle comme
fatalement de la transformation psychologique de l'ouvrier et de
la transformation juridique de l'État combinées et coopérantes ;
elle est comme la résultante de ces deux forces ; elle commence
aussitôt que l'État jusqu'alors immuable se met en mouvement, et
elle s'accélère aussitôt que l'État en mouvement a pour moteur le
Nombre. L'introduction du Nombre dans la mécanique de l'État
est comparable, il faut bien s'en convaincre, à l'introduction de la
vapeur dans la mécanique du Travail ; si la vapeur est en somme
l'eau passée, par l'ébullition, de l'état statique à l'état dynamique, le
Nombre, c'est le Peuple passé aussi, par la révolution, du premier
de ces États au second. Le Nombre n'est pas plus le Peuple tout
simplement que la vapeur n'est l'eau tout simplement. Lui aussi a subi
une transformation ; et d'abord du chef même de la transformation
psychologique de l'ouvrier, puisque, la classe ouvrière étant très
nombreuse en toute nation, lorsqu'elle change, il est impossible
qu'une grande partie au moins du peuple n'en soit pas changée.
Mais, de la France, on doit dire plus, et ce n'est point seulement
l'ouvrier, ni une grande partie seulement du peuple qui a changé,
c'est le peuple en son ensemble, car, par la double révolution, le
milieu politique et économique, le milieu national et social est
changé : il y a, pour ainsi parler, un milieu *pré-révolutionnaire* et
un milieu *post-révolutionnaire*. Dans toutes les têtes l'esprit
souffle différemment : ce ne sont pas seulement les ouvriers qui
envisagent autrement les questions ouvrières ; c'est tout le monde,
et comme tout le monde fait le Nombre, et comme le Nombre fait
tout, le Nombre se trouve porté d'instinct à résoudre, ou à tacher

de résoudre autrement ces questions par chacune desquelles le nouveau régime du Travail pose au nouveau régime de l'État le redoutable problème d'une société nouvelle.

Peut-être, pourtant, ceux-là mêmes qui ont applaudi à la transformation psychologique de l'ouvrier et aidé à la transformation juridique de l'État ne voient-ils pas sans quelque inquiétude ou quelque regret la transformation légale de la société qui s'apprête et s'approche ; mais il n'est plus en leur pouvoir, il n'est au pouvoir de personne ni de l'éviter, ni de l'écarter. C'est le danger des grands mots et des beaux discours qu'ils contiennent toujours plus qu'on ne pensait y mettre, et que tôt ou tard une main brutale, en pressant l'outre, veut en exprimer tout le contenu. Or, ceci contenait cela, et cela sortira de ceci. Déclaration des droits, Immortels principes, Souveraineté nationale, osselets qu'on a donnés comme joujoux au peuple, et que l'enfant terrible brisera pour en tirer, si desséchés qu'ils soient ou si vides qu'on les ait crus, une « substantifique moelle ! » Des mots et des discours l'ont déchaîné, mais d'autres mots, d'autres discours ne le renchaîneront pas. « Dans la matinée du 25 février, dit Louis Blanc [26], nous étions occupés de l'organisation des mairies, lorsqu'une rumeur formidable monta vers l'Hôtel de Ville. Bientôt, la porte de la chambre du Conseil s'ouvrit avec fracas, et un homme entra qui apparaissait à la manière des spectres. Sa figure, d'une expression farouche alors, mais noble, expressive et belle, était couverte de pâleur. Il avait un fusil à la main, et son œil bleu, fixé sur nous, étincelait. Qui l'envoyait ? que voulait-il ? Il se présenta au nom du peuple, montra d'un geste impérieux la place de Crève, et, faisant, retentir sur le parquet la crosse de son fusil, demanda la reconnaissance du droit au travail… M. de Lamartine, qui est fort peu versé dans l'étude de l'économie politique, s'avança vers l'étranger d'un air caressant, et se mit à l'envelopper des plis et replis de son abondante éloquence. Marche — c'était le nom de l'ouvrier — fixa pendant quelque temps sur l'orateur un regard où perçait une impatience intelligente : puis, accompagnant sa voix d'un second retentissement de son mousquet sur le sol, il éclata en ces termes : « Assez de phrases comme ça ! » Je me hâtai d'intervenir ; j'attirai Marche dans l'embrasure d'une croisée, et j'écrivis devant lui le décret… »

Cette anecdote est plus que de l'histoire : un symbole. L'ouvrier Marche parlant au Gouvernement provisoire, c'est, dans « la rumeur formidable » et par « le geste impérieux » du Nombre, le Travail signifiant sa volonté, et dictant sa loi, — la loi, — à l'État.

Notes

1.	Voyez la Revue du 15 décembre 1900.

2.	Voy. R. Thurston, Histoire de la machine à vapeur ; deux vol. de la Bibliothèque scientifique internationale ; Alcan, 1880-1882.

3.	A La Réole, vers 1750, une corderie emploie 300 personnes ; à Troyes, un tissage en occupe 400 ; à Thiers, une coutellerie en emploie 450 ; la quincaillerie d'Alcock en occupe 500. De 1758 à 1761, la manufacture royale de mousselines du Puy emploie jusqu'à 1200 personnes : en 1750, les Van Robais d'Abbeville en occupent dans leur manufacture de draps jusqu'à 1550 ; et, à la même date, près de Limoges, une autre manufacture royale d'étoiles de soie et de coton fait travailler jusqu'à 1 800 personnes. — Voyez Germain Martin, la Grande industrie en France sous le règne de Louis XV, p. 206.

4.	5000 à Amiens, 1 000 à Abbeville.

5.	34 000 fileuses ; 9 000 tisserands, 600 découpeurs, 300 restoupeuses, 700 femmes dans les blancheries et autres services.

6.	Il en est de même des 10 000 personnes qu'occupent à la fabrication du drap, dans la région de Givonnes, en 1756, 4 fabricans privilégiés avec 390 métiers. A Lyon, en 1753, on compte 10 000 métiers et 60 000 canuts ; et l'industrie du ruban, à Saint-Etienne ou à Saint-Chamond, en 1755, emploie 26 000 personnes. — Germain Martin, ouv. cité, p. 120-121.

7.	Germain Martin, ouvr. cité., p. 203.

8.	Id., ibid.

9.	« Au rez-de-chaussée, on dégraisse la laine ; ailleurs, on la fait sécher : des femmes, 350 environ, la plusent ; 130 en font le droussape ; 500 la cardent ; 2500 la filent, et une centaine la dévident. Il y a 1 500 tisseurs, à raison de deux par métier, et trois

Charles Benoist

personnes par usine sont occupées exclusivement au foulage. Les chardons qui catissent les tissus sont nettoyés par des femmes qui ne font aucun autre travail. Des hommes tondent les draps et des femmes les plient ; d'autres les emballent. » — Germain Martin, ouvr. cité, p. 202.

10.   Encyclopédie méthodique. Il est curieux de noter qu'un quart de siècle après, le Code civil (art. 531) donne encore au mot Usine son ancien sens de « machine mue par l'eau, » et dit que « toutes usines… sont meubles. »

11.   Germain Martin, ouvr. cité.

12.   Le charbon de terre, déjà en usage vers 1725 pour les fours des verreries devient, à partir de 1750, en France, un aliment important de l'industrie. Sous la Régence, de 1715 à 1723, on avait procédé, un peu de tous rôles, à des recherches de mines. Mais, vers 1750, on exploite encore peu et mal : bien des obstacles s'opposent aux progrès, que ne facilite pas la préférence des industriels qui brûlent de la houille pour les charbons anglais. Pourtant, aussitôt qu'on se sert du charbon de terre pour la cuisson, non seulement l'importance des manufactures de faïence et de porcelaine, mais leur nombre jusque là réduit, augmente. — Voyez Germain Marlin, ouvr. cité, p. 110, 215 et passim : et Cf. Le Play, la Réforme sociale, t. II.

13.   De ces artisans, un maître tisseur lyonnais peut être pris pour type : « Sa demeure offre un aspect simple. Au dehors, on voit de grandes fenêtres : leur encadrement seul est en moellon ; les plâtras couvrent les autres parties de la maçonnerie. Les vitres sont rares ; jusqu'en 1750, le verre est cher, et, si l'on est peu à l'aise ou très économe, on le remplace par du papier huilé. Les métiers occupent le premier étage. La femme a des joyaux et du linge pour onze cents livres environ. Elle apporta en dot « quatre métiers propres à ouvrages figurez garnis de leurs ustensiles de service quoyque vieux ; plus, en meubles meublants qui ont aussy servi depuis longtemps, composés de lits avec leurs assortimens, garde-robes de noyer, tables, chaises, quelque peu de cuivrerie et de vaisselle d'étain et autres petits ustanciles de ménage, linges de plusieurs sortes pour le ménage dont partie est usée,… le tout évalué entre les parties, par des amis communs, la somme de deux

mille livres. » Un autre maître, également lyonnais, a reçu de sa mère par contrat « la somme de cent cinquante livres en valeur d'un métier de sa profession garni de ses ustanciles et en ustanciles de ménage. » Sa femme lui apporte « deux cents livres en valeur d'une garde robe garnie des habits, linges et nippes servant à son usage et trois cents livres en argent et espèces sonnantes ; » Le maître tisse avec sa femme ou avec un et parfois plusieurs garçons. » — Voyez Germain Martin, ouvr. cit., 236-237. Cf. du même, l'Industrie et le Commerce du Velay aux XVIIe et XVIIIe siècles, p. 140 à 194. — Justin Godart, l'Ouvrier en soie, monographie du tisseur lyonnais, 1er partie, la Réglementation du travail (1460-1731), Lyon, Bernoux et Cumin, et Paris, à Rousseau, 1899.

14.   Voyez Augustin Cochin, la Manufacture des glaces du Saint-Gobain, de 1665 à 1865, Broch. in-8°, Douniol et Guillaumin, 1865.

15.   Encyclopédie méthodique, t. Ier.

16.   Voyez Etienne Martin Saint-Léon, Histoire des corporations de métiers, et Germain Martin, les Associations ouvrières au XVIIIe siècle.

17.   Voyez Histoire économique de la propriété, des salaires, des denrées et de tous les prix en général depuis l'an 1200 jusqu'en l'an 1800, par le vicomte G. d'Avenel ; t. III et IV.

18.   Ainsi le prince de Condé, dès 1716, le duc d'Humières, le duc d'Aumont, le duc de Chaulnes. Des sociétés se fondent pour l'exploitation des Houillères : par exemple, en 1766, pour les mines de Roche-la-Molière, entre le duc de Charost et consorts. Blumestein a la concession des mines du Forez et du Dauphiné ; La Gardette, la concession de Firminy ; la famille de Solages ouvre les mines de Carmaux.

19.   Voyez Flammermont, Remontrances des Parlemens au XVIIIe siècle, p. 310, SS.

20.   Flammermont, ouvr. et passage cités.

21.   Le Parlement de Rouen, jugeant trop élevé le nombre des tisserands de la région, propose de le diminuer et d'en envoyer cultiver les terres du Poitou et de la Marche. — Voyez Germain Martin, ouvr. cité, p. 259.

22.   P.-J. Proudhon, les Confessions d'un révolutionnaire, pour servir à l'histoire de la Révolution de Février, 3e édit., p. 67.

23.   « Quel fait d'une portée profonde, observe là-dessus Louis Blanc avec la grandiloquence ordinaire de son langage, que cet avènement d'un ouvrier au pouvoir, que cette inauguration d'une ère toute nouvelle, que cette reconnaissance officielle des droits du travail, que ce défi, glorieusement scandaleux, jeté au vieux monde ! » — Révélations historiques, en réponse au livre de lord Normanby intitulé : A Year of Révolution in Paris, Bruxelles, 1859. Meline ; Cans et Cie, t. Ier, p. 76.

24.   Edit du Roi portant suppression des jurandes, donné à Versailles au mois de février 1776, registre le 12 mars en lit de justice.

25.   « Nous avons vu avec peine les atteintes multipliées qu'ont données à ce droit naturelet commun des institutions anciennes, à la vérité…. etc. » Préambule de l'Édit de 1776.

26.   Révélations historiques, t. Ier, p. 135-136.

II. LES IDÉES [1]

Les faits nous ont déjà montré comment la révolution économique est venue opérer la transformation psychologique de l'ouvrier, et la révolution politique la transformation juridique de l'État, puis comment toutes deux réunies coopèrent à la transformation légale de la société. Nous avons vu par eux comment le Travail transformé a tout de suite transformé le Nombre, qui à son tour a transformé l'État, et comment depuis lors l'État, sous la pression du Nombre, s'est mis en marche vers un nouveau régime du Travail. Mais, à cette double révolution, les idées n'ont pas moins contribué, elles en ont, pour ainsi dire, été les agents ou les instruments autant que les faits eux-mêmes ; elles en déterminent aussi bien, mieux peut-être ! , et le caractère et le sens et la portée. A partir de 1750, d'une part, l'application à l'industrie des forces naturelles, de l'eau et de la vapeur, change de fond en comble les conditions du Travail ; d'autre part, le principe de la souveraineté nationale et son expression pratique, sa traduction positive, le suffrage universel, substituant le Nombre à l'unité, changent de fond en comble les conditions de l'État : mais, en même temps et du même train, sinon un peu plus vile, que s'accomplissent à la fois ce bouleversement de la matière et ce renversement du pouvoir, c'est comme un renversement, comme un bouleversement de l'esprit.

Entre 1750 et 1848, le Travail passe de la fabrique à l'usine, et l'État glisse du roi au Nombre en trois étapes bien marquées : avant 1789 ; de 1789 à 1848 ; après 1848 : dans les faits, la coupure est nette ; mais elle ne l'est pas moins dans les idées. En effet, jusqu'en 1789, et pendant toute la Révolution française, il ne s'agit que de démolir l'ancien Etat et de détruire l'ancienne société, de promener sur leurs ruines le niveau et l'équerre : tout le monde libre, on le dit, mais tout le monde égal surtout, et surtout, plus de noblesse, voilà le point, voilà le fond de la philosophie politique. De 1789 à 1848, l'État ancien étant démoli et l'ancienne société détruite, pour qu'ils ne renaissent pas et ne repoussent pas, on proclame la déchéance du système féodal ou militaire et l'avènement du système industriel, sans distinguer d'ailleurs, dans le premier moment, entre l'entrepreneur, le patron, ou le capitaliste même, et l'ouvrier : tous ensemble formant la classe industrielle, que l'on opposait en bloc à l'autre, à celle qu'on ne voulait pas voir revivre, la classe, la caste féodale : on prêche la richesse, le commerce, on chante la Bourgeoisie sous le nom d'Industrie. Mais peu à peu voici que dans l'Industrie l'ouvrier et sous la Bourgeoisie le Peuple se lèvent, qu'ils se détachent du reste, qu'on les en sépare, qu'on les lui oppose : à la théorie de l'État bourgeois se substitue la théorie de l'État populaire, de l'État ouvrier ; c'est-à-dire de l'État fait non plus pour un, ni pour quelques-uns, non plus pour tous, mais pour le Nombre ; non plus pour la naissance, ni pour la propriété, mais pour le Travail.

Ici encore et à cette fin deux courants se réunissent, deux mouvements convergent, venus, en quelque sorte, l'un du dedans, l'autre du dehors. Durant les deux premières périodes de cette révolution séculaire, ce sont des nobles et des bourgeois qui s'en instituent les propagateurs : des nobles qui, en 1789, font le pont à la bourgeoisie, des bourgeois qui, en 1830, font le pont au peuple ; et là aussi il y a comme un glissement. Ce n'est guère qu'aux environs de 1848, au plus, tôt aux environs de 1840, que ces doctrines, ces pensées de bourgeois réformateurs et, comme on commence à dire, « socialistes, » ayant pénétré la masse ouvrière, les germes apportés de l'extérieur y éclosent, s'y reproduisent, et que des idées nouvelles sur le Travail s'élaborent à l'intérieur même du monde du Travail. Il est vrai que dès cet instant la puissance en devient irrésistible, et que, brûlant les étapes, tout, d'une traite, en huit années, — de 1840 à 1848, — la double Révolution entre dans sa troisième période. Le grand problème est posé en ses trois termes : le Travail, le Nombre, l'État. S'il ne s'est pas ainsi formulé d'un seul coup, on peut sans doute ensuivre, pour chacun de ces trois termes, les énoncés successifs, et attendre, d'un rapide historique, d'une brève chronologie des idées, en concordance avec les faits, plus que la satisfaction d'une vaine curiosité.

I

Naturellement, cela commence par des généralités. Tout est à défaire et tout est à refaire. L'homme était bon, à l'origine, dans les bois et dans les cavernes : sa civilisation n'a été que sa corruption. Il était bon et il était heureux, quand il n'y avait ni tien ni mien, et quand rien n'était à personne. La terre était un vaste Eden livré aux jouissances communes ; à l'humanité tout entière l'arbre tendait ses fruits, la forêt offrait son gibier et les rivières leurs poissons ; l'herbe poussait dans les prairies pour des troupeaux qui venaient d'eux-mêmes s'y ranger. Nul ne s'inquiétait de travailler, de posséder, d'opprimer. Ce qui a tout perdu, c'est le travail, la propriété, la société, etc. — Je me hâte de poser cet etc., car on pense bien qu'il n'y a point ombre d'utilité à ressasser pour la millième fois ces balivernes ; il suffit, là-dessus, d'un renvoi aux poètes antiques ! Dans le fatras des déclamations politico-sentimentales dont a retenti le XVIIIe siècle, dans ce déballage de romantisme social, je voudrais simplement chercher s'il y a quelque chose d'un peu précis sur la question, qui naît alors, des formes modernes du Travail et de l'État, sur la manière de concevoir leur constitution, leurs conditions, leurs relations ; et, si ce quelque chose ; y est, l'en isoler et l'extraire. Partis pour les faits, de 1750, la coïncidence, la concordance est telle que c'est de 1750 encore qu'il faut partir pour les idées. Justement en 1748, cent ans avant que les journées de Février vinssent imposer la conclusion. Montesquieu publiait l'*Esprit des Lois*. Or, on y lit, entre tant de considérations qui touchent de plus ou moins près à notre sujet, des aphorismes comme ceux-ci, que l'on ne saurait négliger de relever, car la trace ne va plus s'en perdre, mais se creuser, au contraire, jusqu'à faire sillon : « Un homme n'est pas pauvre parce qu'il n'a rien, mais *parce qu'il ne travaille pas*. Dans les pays de commerce, où beaucoup de gens n'ont que leur art, *l'État est souvent obligé de pourvoir aux besoins des vieillards, des malades et des orphelins*. Un Etat bien policé tire cette subsistance du fond des arts mêmes ; *il donne aux uns les travaux dont ils sont capables* ; il enseigne les autres à travailler, ce qui fait déjà un travail… Quelques aumônes que l'on fait à un homme nu dans les rues ne remplissent point les obligations de l'État, *qui doit à tous les citoyens une subsistance assurée, la nourriture, un vêtement convenable, et un genre de vie qui ne soit point contraire à la santé.* »

Montesquieu a beau s'apercevoir, ce chapitre d'une page à peine écrit, que c'est là s'engager très loin, et, s'en apercevant, il a beau se couvrir de toutes sortes de « si » et de « mais, » faire apparaître, derrière une médiocrité trop facile, les spectres de la paresse et de la misère universelles [2] ; il a beau se reprendre, s'expliquer, se restreindre [3] ; il ne peut plus faire que ces quelques phrases ne contiennent pas en puissance : et le droit de travailler, auquel s'ajoute, duquel découle le droit de choisir librement son travail [4] ; et le droit à l'assistance dans l'invalidité et dans la vieillesse : et ce que, cent ans plus tard, on devait appeler le droit au travail, qui n'est pas seulement le droit de travailler, mais le droit d'exiger du travail ; et ce que, plus tard aussi, l'on devait appeler le droit à la subsistance, qui n'est pas seulement le droit de vivre, mais le droit d'exiger « un genre de vie qui ne soit pas contraire à la santé ; » tous ces droits, contre qui, — puisqu'un droit ne peut pas ne pas être à la charge comme au profit de quelqu'un ? — contre l'État évidemment : « l'État doit… » Ils sont en puissance dans ces dix lignes, ils se développeront au fur et à mesure que se développera l'industrie elle-même et que s'accomplira par elle la transformation matérielle du monde, cette transformation qui ne se fera pas sans des perturbations profondes, et dont Montesquieu pressent et redoute certaines conséquences : « Ces machines, dit-il, — et qu'étaient les machines de 1748 ? — ces machines, dont l'objet est d'abréger l'art, ne sont pas toujours utiles. Si un ouvrage est à un prix médiocre, et qui convienne également à celui qui l'achète et à l'ouvrier qui l'a fait, les machines qui en simplifieraient la manufacture, c'est-à-dire qui diminueraient le nombre des ouvriers, seraient pernicieuses [5]. »

Tous ces droits en puissance se développeront, quand, dans la société, les préjugés céderont, les cloisons se fendront ou s'abaisseront, les rangs se rapprocheront, les classes s'ouvriront et se compénétreront : phénomène que Montesquieu fait mieux que de pressentir, qu'il constate déjà, et dont les bons effets ne lui échappent pas [6].

Enfin, ils s'élèveront de la puissance à l'acte, ces droits posés par Montesquieu, ou du moins ils tendront à s'y élever, lorsque, d'un côté, s'affirmera le désir, le besoin d'égalité, et que, de l'autre, l'inégalité réelle s'accusera ou sera plus vivement, plus douloureusement ressentie ; lorsque la grande industrie concentrera de grandes foules dans les grandes villes, et y juxtaposera de grandes fortunes et de grands dénuements, faisant ainsi ressortir de grandes différences qui, pour ceux qui en souffrent, ressembleront aisément à de grandes injustices. En haut, c'est « le luxe, » qui est « en raison composée des richesses de l'État, de l'inégalité des fortunes des particuliers, et du nombre d'hommes qu'on assemble dans certains lieux. » Mais le luxe est surtout en proportion avec l'inégalité des fortunes : « Si dans un Etat les richesses sont également partagées, il n'y aura point de luxe : car il n'est fondé que *sur les commodités qu'on se donne par le travail des autres* [7]. » Plus donc il y aura de luxe, plus il y aura d'inégalité dans l'État, et plus l'inégalité tournera à l'injustice, car plus le luxe des uns sera fait de l'abus du travail des autres. Et c'est, en termes réservés, la thèse de « l'exploitation de l'homme par l'homme. »

Avoir fourni ceci, et le principe du droit de travailler, et celui du droit au travail, et celui du droit à l'assistance, aux novateurs en quête de maximes, n'est certes pas n'avoir rien donné, ou n'avoir donné que peu, n'avoir apporté qu'une petite contribution au mouvement des idées dans le domaine social ; et en vérité, si désormais elles y sont en mouvement, et prennent cette direction, là peut-être, chez Montesquieu, est le *primwn movens*, et de lui vient la chiquenaude initiale.

Mais, l'année même où il mourait, et avant que fût épuisé le prodigieux succès de l'*Esprit des Lois*, paraissait, sans nom d'auteur, un livre dont le titre complet, — long et explicatif suivant la mode du jour, — était : *le Code de la Nature ou le véritable Esprit de ses lois de tout temps négligé ou méconnu* [8] que l'ardent et violent éclat du style fit attribuer à Diderot, et qui était d'un personnage de qui, maintenant encore, on ne sait guère que son nom : Morelly, avec le lieu et vaguement la date de sa naissance : Vitry-le-François, vers la fin du règne de Louis XIV [9]. Quelle loi édictait-il, ce *Code de la Nature*, et quel principe l'inspirait ? Du fond de la solitude où l'obscur Morelly Fallait chercher, la bonne Nature disait ce qu'elle eût dû, depuis les premiers âges, être lasse de répéter, à savoir que, laissée à elle-même, elle serait parfaite, et que, laissé à lui-même, l'homme aussi serait parfait dans la nature parfaite ; que les législateurs et autres fabricateurs et exploiteurs des sociétés avaient fait tout le mal ; que la cupidité, en effet, était le vice des vices ; mais que nul ne fût devenu avare, si nul n'eût pu devenir propriétaire. De l'univers qu'elle empoisonne, on chasserait donc « la détestable propriété, » et l'on prendrait à l'avenir ses sûretés contre elle ; « fou furieux, ennemi de l'humanité » et bon à enfermer pour toute sa vie en un caveau « bâti dans le lieu des sépultures publiques, » quiconque tenterait de la rétablir ! — puis le rabâchage ordinaire des vieilles turlutaines.

Il y avait pourtant, dans Morelly, quelque chose de plus ; et ce quelque chose, en y regardant de près, n'était pas beaucoup moins que l'ébauche d'un plan d'organisation ou de réorganisation sociale. L'article premier du *Code de la Nature* est celui-ci : « Le champ n'est point à celui qui le laboure, ni l'arbre à celui qui y cueille des fruits ; il ne lui appartient, même des productions de sa propre industrie, que la portion dont il use : le reste, ainsi que sa personne, est à l'humanité. » Le modèle d'une société ainsi réformée, c'est « la famille consanguine ; » et le type de son gouvernement, c'est le gouvernement paternel ou patriarcal. « Or, tout membre de la famille apporte en naissant le droit de vivre, qui est antérieur à celui de travailler. Ce droit à la vie oblige donc de laisser en communauté une partie, sinon la totalité des ressources accumulées, afin que les survenants ne trouvent pas toujours les parts réglées. » En conséquence, si « la détestable propriété » n'était pas absolument, rayée de la terre, elle était du moins « socialisée, » et il n'y avait plus de propriétaires à titre privé, mais des usufruitiers en nom collectif. Indivisible était le sol, indivisible la demeure commune, et commun l'usage des instruments de travail, commune la jouissance des fruits. Chacun travaillerait selon ses forces et ses facultés, chacun consommerait selon ses besoins et ses goûts. Les citoyens, disons le vrai mot, les *sociétaires*, seraient réunis par groupes de mille au moins. La famille, la tribu, la province étant les unités organiques de toute nation, c'est en provinces, tribus et familles que la nation serait politiquement, répartie.

A sa tête, un Sénat ou Conseil suprême, magistrature souveraine qu'occuperaient tour à tour les chefs de province, élus dans chaque province par chaque tribu à son tour, chaque famille dans la tribu élisant à son tour le chef de tribu, et chaque sociétaire à son tour étant chef de famille. Sur dix et des multiples ou des composants de dix, Morelly fonde ainsi comme un système décimal de la société [10]. Passons. Il suffit présentement de noter qu'en cet essai d'organisation ou de réorganisation sociale on trouve un peu de tout ce qu'on retrouvera plus tard dans d'autres rêves d'instauration *ab imis fundamentis* : tout à l'heure nous dégagerons et marquerons mieux le lien de parenté ; alors, d'une théorie, d'une construction à l'autre, la filiation, parfois inavouée, apparaîtra.

Cependant la part de la déclamation pure y est aussi très abondante, et c'est le moment de nommer au moins le roi des déclamateurs de ce temps et sans doute de tous les temps : J. -J. Rousseau. Je dis : de le nommer, de nommer au moins trois ou quatre de ses ouvrages : le *Discours sur l'origine de l'inégalité parmi les hommes* et le *Discours sur l'Économie politique* (1755) ; *le Contrat social ; Emile ou de l'Education* (1762) ; et j'aurais raison de le dire, s'il ne s'agissait que du Travail, et si l'on ne cherchait et ne retenait que des idées suffisamment précises sur ce point particulier ; mais j'ai tort, si l'on considère les deux autres termes du problème : le Nombre et l'État, et si l'on songe que ces livres ont eu sur la direction générale des esprits pendant un demi-siècle une influence incomparable. Il n'en est peut-être point dans toute la littérature qui jamais aient remué aussi profondément l'âme, la conscience et la volonté des hommes ; il n'en est pas où les mots aient été si manifestement, si rapidement, si invinciblement des forces [11]. Ils sont comme un foyer intense dont la chaleur, en se communiquant, crée du mouvement de proche en proche. Presque tout ce qu'ils disent, on l'avait déjà dit, mais on ne l'avait pas dit encore de ce ton et avec cet accent. Reprenez, par exemple, la tirade fameuse : « Le premier qui, ayant enclos un terrain, s'avisa de dire : *Ceci est à moi*, et trouva des gens assez simples pour le croire, fut le vrai fondateur de la société civile. Que de crimes, de guerres, de meurtres, que de misères et d'horreurs n'eût point épargnés au genre humain celui qui, arrachant les pieux ou comblant les fossés, eût crié à ses semblables : Gardez-vous d'écouter cet imposteur ; vous êtes perdus si vous oubliez que les fruits sont à tous et que la terre n'est à personne [12]. » Au fond, cela est banal, cela traîne partout : on vient d'en voir autant chez Morelly, et l'on en verrait autant chez bien d'autres ; mais, chez d'autres, cela passait et cela tombait, cela ne faisait qu'un bruit sourd ; chez Rousseau, au contraire, cela vibre d'une vibration qui tout de suite emplit toutes les oreilles et dure toutes les minutes de toute une génération.

Cela pour la propriété, ceci maintenant pour le travail : « Celui qui mange dans l'oisiveté ce qu'il n'a pas gagné lui-même le vole ;

et un rentier que l'État paye pour ne rien faire ne diffère guère, à mes yeux, d'un brigand qui vit aux dépens des passants. Hors de la société, l'homme isolé, ne devant rien à personne, a droit de vivre comme il lui plaît ; mais dans la société, où il vit nécessairement aux dépens des autres, il leur doit en travail le prix de son entretien... Travailler est donc un devoir indispensable à l'homme social. Riche ou pauvre, puissant ou faible, tout citoyen oisif est un fripon [13]. » Et cela encore est ailleurs : cela aussi est chez Morelly ; mais pourtant cela n'y est point ainsi, et c'est ici, dans *Emile*, qu'a été réellement frappé un axiome destiné dans la suite à un retentissant scandale.

Rousseau continue : « Or, de toutes les occupations qui peuvent fournir la subsistance à l'homme, celle qui le rapproche le plus de l'état de nature (toujours !) est le travail des mains : de toutes les conditions, la plus indépendante de la fortune et des hommes est celle de l'artisan. L'artisan ne dépend que de son travail ; il est libre... » Et cela, comme le reste, est ailleurs ; cela se rencontre dans Montesquieu ; mais ce qui n'y est pas, c'est cette apostrophe : « Un métier à mon fils ! mon fils artisan ! Monsieur, y pensez-vous ? — J'y pense mieux que vous, madame, qui voulez le réduire à ne pouvoir jamais être qu'un lord, un marquis, un prince, et peut-être un jour moins que rien : moi, je lui veux donner un rang qu'il ne puisse perdre, un rang qui l'honore dans tous les temps ; je veux l'élever à l'état d'homme ; et, quoi que vous puissiez dire, il aura moins d'égaux à ce titre qu'à tous ceux qu'il tiendra de vous. »

Dans Montesquieu aussi se rencontre cette opinion que la démocratie peut, en certains cas et avec certaines précautions, sinon égaliser, du moins régler ou régulariser les fortunes par des lois somptuaires [14], — Rousseau ajoute, à l'imitation de l'antiquité : par l'impôt progressif, par la confiscation légale [15] ; — mais ce qui n'est pas dans l'*Esprit des Lois* et ce qui est ici, c'est la glorification, toute plébéienne, de l'œuvre des mains, du travail manuel, du métier. Montesquieu voulait anoblir le travail ou plutôt le commerce qui réussit ; pour Rousseau, tout travail, tout métier est noble par lui-même et sans anoblissement : « Souvenez-vous que ce n'est point un talent que je vous demande ; c'est un métier, un vrai métier, un art purement mécanique, où les mains travaillent plus que la tête, et qui ne mène point à la fortune, mais avec lequel on peut s'en passer. » Tout métier donc est noble, s'il est « honnête ; » et il est « honnête, » dès qu'il est « utile. » Que Jean-Jacques s'égaie ensuite ou se livre sérieusement à un petit jeu de classification et de hiérarchie des professions, écartant celles « de brodeur, de doreur et de vernisseur, » aimant mieux qu'Emile « soit cordonnier que poète » et « qu'il pave les grands chemins que de faire des fleurs de porcelaine ; » qu'il mette plus bas que tout « les professions oiseuses, futiles, ou sujettes à la mode, telles, par exemple, que celle de perruquier, qui n'est jamais nécessaire, et qui peut devenir inutile d'un jour à l'autre, tant que la nature ne se rebutera pas de nous donner des cheveux, » ou bien « la couture et les métiers à l'aiguille, qu'il est d'avis de ne permettre » qu'aux femmes ou aux boiteux, réduits à s'occuper comme elles ; » que même il pousse à cet égard sa sévérité un peu étrange jusqu'à prononcer : « s'il faut absolument de vrais eunuques, qu'on réduise à cet état les hommes qui déshonorent leur sexe en prenant des emplois qui ne lui conviennent pas ; » — ce petit jeu n'est qu'un petit jeu ; d'autres, comme Locke, je crois, s'y sont égayés ou livrés avant Rousseau ; et il n'importe en rien [16].

Il n'importe pas davantage qu'il repousse : « ces stupides professions dont les ouvriers, sans industrie et presque automates, n'exercent jamais leurs mains qu'au même travail : les tisserands, les faiseurs de bas, les scieurs de pierre : » et qu'il les repousse dédaigneusement. « A quoi sert d'employer à ces métiers des hommes de sens ? c'est une machine qui en mène une autre. »

Dans cette ardente coulée de lave, dans ce torrent de phrases bouillonnantes, voici les paroles qui restent : ce qui demeure, ce qui vibre et ce qui vit, n'est-ce pas le chant triomphal, n'est-ce pas l'hymne au travail, signe en même temps et source de virilité ? Entendez par virilité, sous cette inspiration toute plébéienne encore, le mâle épanouissement de la force physique : « Jeune homme, imprime à tes travaux la main de l'homme. Apprends à manier d'un bras vigoureux la hache et la scie, à équarrir une poutre, à monter sur un comble, à poser le faîte…, puis crie à ta sœur de venir t'aider à ton ouvrage, comme elle te disait de travailler à son point-croisé. » Mais, par virilité, ne manquez pas d'entendre, d'autre part, accroissement, développement de force morale et plénitude d'humanité : « Si quelque homme que ce soit a honte de travailler en public armé d'une doloire et ceint d'un tablier de peau, je ne vois plus en lui qu'un esclave de l'opinion, prêt à rougir de bien faire, sitôt qu'on se rira des honnêtes gens… Il n'est pas nécessaire d'exercer toutes les professions utiles pour les honorer toutes ; il suffit de n'en estimer aucune au-dessous de soi [17]. »

Et sans doute ce n'est, en 1762, qu'une vision de l'avenir : « J'en dis trop pour mes agréables contemporains, je le sens… » Mais cet avenir est-il si éloigné ? « Nous approchons de l'état de crise et du siècle des révolutions [18] ; » le souffle prophétique a passé, et sous lui déjà le peuple se courbe, frémit et se redresse : en ce philosophe qui est peuple, d'instinct le peuple devine et va chercher sa philosophie, à lui peuple, et sa politique de demain. Philosophie et politique bien simples, et telles que le peuple les comprend et les aime : — la nation est souveraine ; tout le monde est égal dans la nation ; — le souverain peut absolument tout [19]. Corollaires ou conséquences pratiques, un jour ou l'autre : le suffrage est universel ; tout le monde est électeur, et la majorité décide ; le Nombre tient l'État. Indépendamment donc de ce que Rousseau a fait pour la libération, la réhabilitation, l'exaltation du Travail, ce qu'il a fait pour la suprématie du Nombre dans l'omnipotence de l'État, — et nul assurément n'a pu faire ni plus ni autant, — exige qu'on ne se contente pas de le citer en une nomenclature hâtive, mais qu'il soit mis au tout premier rang, en évidence et par prééminence, entre les précurseurs, les fauteurs et les auteurs de la double Révolution.

Mais, parmi eux encore, ceux que vraiment il faut au moins nommer, ce sont les encyclopédistes, et les physiocrates, les économistes même. Pour les premiers, on se rappelle qu'un des objets de l'*Encyclopédie*, — le *Prospectus* et le *Discours préliminaire* l'annoncent formellement, — est « de donner aux arts mécaniques la place à laquelle ils ont droit dans le système des connaissances humaines. » Et quant aux économistes, malgré leur idolâtrie de la terre et leur mépris, d'ailleurs plus apparent que réel, pour la classe *stérile*, comme dit Quesnay, ou *stipendiée*, comme dit Turgot, ou *subordonnée*, comme dira Dupont de Nemours, — c'est de l'ensemble des industriels, des commerçants, des ouvriers des villes, de tout ce qui n'est pas agriculteur, qu'ils parlent en ces termes ; — malgré cela, quelles que soient les exagérations de leurs sympathies et de leurs antipathies, quelles que soient

II. LES IDÉES

les divergences irréductibles entre eux et les philosophes, et quoi qu'ils affectent de dire de l'État, ainsi que les philosophes pourtant, par une singulière contradiction avec leurs propres principes, ils aboutissent, eux aussi, à la toute-puissance de l'État, et concluent à la nécessité du « despotisme légal » [20]pour assurer et maintenir « l'ordre naturel et essentiel des sociétés. »

A ce même despotisme légal, à cette même toute-puissance de l'État, d'autres, de leur côté, font appel pour le changer ou plutôt pour le restaurer : car philosophes et économistes confessent d'une même voix qu'il y a « un ordre naturel et essentiel des sociétés ; » où ils cessent de s'entendre, c'est lorsqu'il s'agit de savoir ce que peut bien être cet ordre naturel. Pour ceux-ci, la propriété privée en est le fondement, l'instrument ; mais, pour ceux-là, elle n'en est que la perturbation, et la destruction même. Elle n'est que perturbation et que destruction pour Mably, qui, plus modéré que Morelly, ou du moins plus opportuniste, plus politique dans ses moyens, mais également radical dans son dessein, professe que « l'État doit être intolérant » et, pour le bonheur des hommes, aller au besoin jusqu'à décimer l'humanité : « Il vaut mieux ne compter qu'un million d'hommes heureux sur la terre entière que d'y voir cette multitude innombrable de misérables, d'esclaves, qui ne vit qu'à moitié dans l'abrutissement et dans la misère. »

Or, en 1768, à l'apparition du livre de Mably [21], on n'est plus guère qu'à vingt ans de la Révolution : et, depuis plusieurs années, Rousseau l'a déjà prédite. Il l'avait vue comme se formant au lointain ; maintenant elle est prête et elle est proche : presque tous les élémens en sont à présent rassemblés. Critique aiguë ou amère de l'inégalité, désir idyllique ou farouche de l'égalité, ascension morale et sociale du travail, conception nouvelle du droit privé et du droit public, aspiration vers la liberté en toute chose et individualisme quasi anarchique s'alliant tant bien que mal à l'adoration de l'État tout-puissant et l'invocation à cette toute-puissance pour une meilleure distribution du bien-être et de la justice : il reste seulement à retourner l'État, et l'on sait, par Jean-Jacques encore, comment il se peut retourner. Ce n'est désormais que l'affaire d'une main qui ose. Mably, venu le dernier, achève la préparation révolutionnaire, et, en donnant, dès 1768, la formule du jacobinisme, il enseigne et il accoutume à oser.

Charles Benoist

II

Pendant toute la première partie de la Révolution, ce furent en effet les Jacobins qui osèrent. Mais, jacobine ou girondine, la Révolution est bourgeoise : elle est anti-aristocratique plus que démocratique, légalitaire autant qu'égalitaire. Girondins ou Jacobins, Constituants et Conventionnels, Déclaration de 1791 et Déclaration de 1793, proclament à l'envi l'intangibilité, l'inviolabilité de la propriété privée : la propriété est un des droits de l'homme. Ou plutôt il y a une propriété qui n'est pas intangible, pas inviolable, mais il n'y en a, ou il n'y eu avait qu'une : la propriété féodale, celle qui offusquait tous ces bourgeois, girondins ou jacobins ; et du moment que la translation a été faite, et qu'elle est bourgeoise, girondine ou jacobine, la propriété est sacrée. Rabaud-Saint-Etienne peut vanter le partage et la communauté des biens ; l'abbé Fauchet peut fonder le « Cercle social [22] » et attaquer l'hérédité ; Condorcet et Vergniaud se chargent de répondre et, girondine ou jacobine, la majorité d'approuver [23].

Les Jacobins, cependant, sont terribles en paroles, — et plût à Dieu que jamais ils ne l'eussent été autrement ! — L'égalité, la vertu, le bonheur, ou la mort ! Robespierre déclare ennemis publics les hommes vicieux et les riches. Saint-Just ajoute que l'opulence est une infamie incompatible avec un régime d'égalité. Morris, commissaire de la République à Lyon, n'y va pas de main morte : « Les capitalistes, dit-il, sont détruits pécuniairement par les assignats et physiquement par la guillotine. » Barrère veut effacer du monde l'esclavage de la misère ; plus de mendiants, d'aumônes, d'hôpitaux. Mais le même Barrère fait voler la peine de mort contre quiconque proposerait « la loi agraire ou toute autre mesure subversive des propriétés territoriales, commerciales ou industrielles [24] ; » et ni Saint-Just, ni Robespierre, ni Marat, ni Anacharsis Clootz, ni le père Duchesne ne dépassent, en fait de communauté, un certain lacédémonisme plus ou moins contrefait et travesti [25].

Le seul ennemi authentique de la propriété, de toute propriété personnelle, est peut-être alors Brissot de Warville : « La propriété, c'est le vol. » Mais, dans la seconde période, vers 1795, voici venir, avec Gracchus Babeuf, Sylvain Maréchal, les Egaux et leur Manifeste ; ceux-ci ne se payent pas de mots, ou les mots qu'on leur a jetés ne leur suffisent plus, ils veulent donner à la Révolution une portée sociale : « Qu'est-ce que la Révolution ? Une guerre entre les patriciens et les plébéiens, entre les riches et les pauvres ; » en exprimer tout ce qu'elle contient ; lui faire produire, jusqu'au bout, toutes ses conséquences. Ah ! les Déclarations des droits parlent d'égalité ! De quelle égalité, s'il vous plaît ? Girondins ou Jacobins, bourgeois et gens de justice, vous nous la baillez belle avec votre « égalité devant la loi ! » Il n'y a qu'une égalité, — l'égalité ; et si elle n'est pas de fait, si elle n'est pas totale, l'égalité n'est pas. « Faisons table rase pour nous en tenir à elle seule ; l'égalité conditionnelle devant la loi est une chimère ; s'il existe un seul homme sur terre plus riche, plus puissant que ses semblables, que ses égaux, l'équilibre est rompu ; qu'il ne soit plus d'autre différence parmi les hommes que celle de l'âge et du sexe ; la terre n'est à personne ; les fruits sont-à tout le monde ; l'État les distribue aux individus, auxquels il doit une existence heureuse ; en revanche il exige deux un travail obligatoire dont le mode, la quantité, la qualité sont réglés par lui seul [26]. » Et nous voici du coup loin de Barrere et de la Convention ; ce n'est plus quiconque proposerait d'établir la loi agraire, d'attenter à la sainte propriété, qui serait puni de mort ; mais quiconque parlerait de maintenir ou de rétablir « la détestable propriété, » qui serait enfermé à vie « dans le lieu des sépultures publiques. » — « Il faut *déproprétariser* la France ! » s'écrie *le Tribun du Peuple*.

Mais Girondins, Jacobins, Montagnards, Hébertistes ou Babouvistes, partisans ou ennemis de la propriété individuelle, ceux qui frappent de mort quiconque y touche et ceux qui condamnent à la réclusion perpétuelle quiconque y aspire, tous ont ce Irait commun qu'ils sont avant tout, qu'ils sont presque exclusivement des démolisseurs, qui démolissent les uns telle forme de propriété ou telle forme de société, les autres toute propriété et toute société, mais qui ne font que démolir. Tous sont comme marqués du signe de celle Révolution toute critique, toute négative, si destructrice, si peu constructrice. Ils « déchristianisent, » démonarchisent, » « désaristocratisent, » « déproprétarisent, » « désorganisent : » obstinés à jeter bas, ils ne se soucient point de réédifier. « Faisons table rase » et « qu'il ne soit plus, » sont les mois inspirés de cette création à l'envers. Et après ? sur la table rase ? que mettrat-on ? ils ne mettent rien. C'est à peine si, dans le *Manifeste des Égaux*, quand le grand râteau a passé sur les décombres, on peut apercevoir un petit bourrelet, un léger renflement du sol qui trace une reconstruction, et si vague [27] ! D'être extrêmement vagues est le second caractère commun aux idées révolutionnaires en matière sociale : c'est, en cette matière, le caractère même, on peut le dire, de tous les écrivains français du XVIIIe siècle (sauf peut-être Morelly, qui a un système étudié dans tous ses détails et lié dans toutes ses parties, mais à qui l'on ne prend que ses diatribes, lui laissant pour compte son système) ; et c'est pourquoi, dans le mouvement des idées, il serait sans doute plus juste de rattacher la période révolutionnaire au XVIIIe qu'au XIXe siècle, caractérisés ainsi l'un et l'autre : le XVIIIe siècle généralise, et le XIXe essaie de préciser ; le XVIIIe siècle détruit, et le XIXe essaie de reconstruire.

Il l'essaie tout de suite et sur la chair même, avec Napoléon Mais il l'essaie d'autre part en esprit, et se lançant à la découverte, avec Saint-Simon et Fourier. Napoléon est un réaliste qui déteste les idéologues. Saint-Simon et Fourier sont des idéologues qui se croient des réalistes. Eux aussi sont des constructeurs ; c'est ce qui les distingue du XVIIIe siècle en général, et de la Révolution, qui est absolument et en tout du XVIIIe siècle ; c'est par quoi ils se rattachent au XIXe, qu'ils inaugurent. Le XIXe siècle, avec eux, va rêver encore, comme a rêvé le XVIIIe ; mais, tandis que le XVIIIe rêvait pour ainsi dire, « en arrière, » d'un retour vers un lointain passé, le XIXe rêve « en avant, » d'élans vers un lointain avenir [28]. Cependant, quoique trop souvent sur un fond mouvant de chimère, Saint-Simon et Fourier construisent : du moins ils s'y efforcent, ils s'en vantent, ils le veulent.

La fortune d'un mot nous livre le secret du siècle [29]. Tout sera désormais à « l'organisation » et l'on ne parlera plus que « d'organiser. » Saint-Simon, dès 1819, donne le ton en publiant *l'Organisateur*, ou même dès 1814, dans son aperçu *De la réorganisation de la Société européenne*. C'est le but de sa vie et l'objet de son œuvre « d'éclaircir la question de l'organisation sociale. » Fidèle disciple du maître, « le Père » Enfantin développe la pensée de Saint-Simon et pose « l'organisation industrielle » en l'opposant à « l'organisation féodale [30]. » Un autre disciple, plus indépendant et comme affranchi, mais qui pourtant, sous bien des rapports, n'est qu'un Saint-Simon réussi, Auguste Comte, s'il ne crée pas peut-être l'adjectif « organique, » lui communique à coup sûr une plénitude de force qu'il n'avait jamais eue, et fait plus que personne dans l'ordre intellectuel pour toutes ces idées et pour tous ces mots d' « organisme, » d' « organique, » d' « organiser » et d' « organisation [31]. »

Le sens en ira depuis lors se resserrant toujours, se concrétant, et toujours davantage on tendra à sortir des généralités, à entrer dans des précisions. D'abord « organisation » tout court ; et puis « organisation, sociale ; » ensuite « organisation industrielle » ou bien « organisation du travail ; » et d'autres enfin trouveront d'autres choses à organiser. Une seule année après *l'Organisateur*, en 1820, un économiste quelque peu hérétique, il est vrai, Sismondi, ose déjà dire « l'organisation du travail [32]. » Laissez passer encore vingt ans ; Louis Blanc le dira plus fort, on l'entendra de plus loin, et on le répétera plus haut. Bientôt l'idée et le mot nous reviennent renvoyés d'Angleterre et d'Allemagne [33]. Chez nous, pendant longtemps, leur retentissement ne fait que s'accroître. Pour l'affirmative ou la négative, pour l'éloge ou le blâme, ils s'imposent à tous les partis, favorables ou hostiles, et dominent toutes les discussions, savantes ou passionnées. Adolphe Boyer vers 1840, Cantagrel vers 1845 ; traitent, le premier *De l'état des ouvriers et de son amélioration par l'Organisation du Travail*, le second *Du Droit au travail et de son organisation pratique*. La Révolution de 1848 tourne autour. Ceux mêmes qui repoussent les nouvelles doctrines n'échappent pas tout à fait à la contagion : ils combattent l'idée en se servant du mot ; ainsi les économistes orthodoxes et libéraux, Michel Chevalier, Audiganne [34]. Lamartine, qui, dans le flottement d'opinions souvent contradictoires, semble à la fin n'avoir point admis « l'organisation du travail [35], » n'en avait pas moins préconisé de bonne heure « l'organisation de la démocratie [36]. » A l'étranger, l'écho se prolonge, et, d'outre-Rhin, Marlo nous rend le petit pamphlet de Louis Blanc systématisé en trois gros volumes, bourré d'érudition et de philosophie, élevé, lui aussi, avant même qu'on eût forgé ce barbarisme, à je ne sais quelle puissance et plein de je ne sais quelles ambitions « mondiales [37]. » Ni du mot ni de l'idée un siècle presque entier n'a pu épuiser la vertu ; tout au contraire ; et aux ambitions s'ajoutent maintenant des espérances « mondiales »

Charles Benoist

comme elles : de plus en plus, c'est de l'organisation du travail que dans la plupart des pays la plupart des hommes attendent la réorganisation de la société [38]. Mais, si c'est là le socialisme en sa substance et si le socialisme couvre la terre, c'est donc de Saint-Simon que le socialisme est issu ; et c'est donc de sa pensée que la terre est couverte.

Non pas sans doute de sa pensée toute seule, car à la propre pensée de Saint-Simon s'est mêlée, de son vivant et sous ses yeux, la pensée ; des Saint-Simoniens, Bazard, Enfantin, Auguste Comte, Olinde Rodrigues et leurs amis, cependant que, dans le même temps, d'antres, appartenant à d'autres écoles, comme Fourier et les Fonriéristes en France, Robert Owen et ses sectateurs en Angleterre, pensent à part, mais simultanément, sur les mêmes sujets. Et c'est encore, par opposition au XVIIIe siècle, une caractéristique du siècle nouveau, qu'au XVIIIe siècle, il n'y avait là-dessus que des pensées solitaires, et qu'au XIXe, il y a comme une pensée commune ; au XVIIIe, des pensées personnelles, au XIXe, une pensée collective : c'est-à-dire, pour ne rien forcer, qu'au XVIIIe siècle, ces questions ne faisaient la préoccupation que de quelques-uns, tandis qu'au XIXe, elles font d'abord la préoccupation de beaucoup, et puis la préoccupation de tout le monde ; le XVIIIe siècle, en un mot, y pensait « par tête, » le XIXe y pense d'abord en groupes, et puis en masse.

Aussi, du point de vue où nous nous sommes placés, serait-il superflu de nous obstiner à vouloir discerner par une analyse rigoureuse ce qui revient en particulier à tel ou tel et si cette idée est originairement, à celui-ci ou à celui-là ; besogne d'érudit, indifférente au politique. On a vu tout à l'heure combien d'hommes et combien d'œuvres ont contribué, depuis Saint-Simon, à former et à répandre l'idée et le mot d' « organisation ; » on en verrait autant, si l'on suivait, depuis Fourier, la fortune de l'idée et du mot d' « association. » Ce sont des fortunes parallèles, mais ici les parallèles se rencontrent ; et ce sont des idées jumelles : tantôt l'« organisation » prédomine, et tantôt « l'association, » mais « l'association » est aux Saint-Simoniens comme aux Fouriéristes, et « l'organisation » aux Fouriéristes comme aux Saint-Simoniens, jusqu'à ce qu'enfin toutes deux, se confondant et se combinant, fournissent à Louis Blanc, sans qu'il s'en rende compte et même quoiqu'il s'en défende expressément, sa formule totale de « l'organisation du travail par l'association des travailleurs. »

Saint-Simon et Fourier, et les Saint-Simoniens et les Fouriéristes [39], et d'autres, par surcroit, passent donc ; et, quand ils ont passé, il reste, dans l'air que le siècle respire, un peu de leur pensée, qui devient un peu de la pensée des temps nouveaux. De nouveaux apôtres sont venus annoncer à la terre l'avènement messianique, quelque grand soir ou quelque grand matin, d'un ordre nouveau de la vie des sociétés : « L'âge d'or n'est pas derrière nous, il est devant nous, » et tout justement il consistera dans la perfection de l'ordre social. L'ordre social sera parfait lorsque la politique s'appliquera à son véritable et unique objet, qui est la production et la répartition des produits ; et ce serait évidemment, de la politique, une conception très matérialiste, si, d'une manière quelconque, par un moyen quelconque, un élément intellectuel n'y était tout de suite réintroduit. Veiller à ce que la politique ne s'écarte pas désormais de son véritable objet sera l'affaire du gouvernement, suprême régulateur de la production, suprême centralisateur des produits, qui, au temporel, sera administré par les « industriels, » et, au spirituel, dirigé par les savants et les artistes, prêtres d'une sorte de théocratie de l'esprit. Et voici que, d'une troisième part, le gouvernement réglant la production et opérant la répartition des produits conformément à ce précepte : « De chacun selon ses forces, à chacun selon ses *mérites*, » — et non plus, comme disaient les gens du XVIIIe siècle : « De chacun selon ses forces, à chacun selon ses besoins, » — un élément moral se trouve par là réintroduit dans la politique : mais quoi ? n'est-ce pas ou ne serait-ce pas « l'ordre social parfait, » que celui qui est ou serait tout ensemble l'ordre matériel, l'ordre intellectuel et l'ordre moral ? Pour qu'un pareil ordre puisse régner, des réformes sont nécessaires, ou plutôt des transformations. Reléguer au loin la force parasite, mettre au premier plan le travail producteur, ce sera la vraie révolution. Elle ne sera pas tant « dans l'hégémonie de telle forme politique donnée (république, empire, monarchie) que dans l'avènement au pouvoir de l'industrie, dans la substitution du régime industriel au régime féodal [40]... Tout se faisant par l'industrie, tout doit se faire pour elle [41]... La classe industrielle est la classe fondamentale, la classe nourricière de la société. » Numériquement, d'ailleurs, cette classe forme « les vingt-quatre vingt-cinquièmes de la nation ; » car elle comprend les fabricants, les commerçants, les banquiers, proclamés par excellence les hommes utiles à l'humanité ; elle n'exclut pas l'agriculture traitée comme une espèce d'industrie et qui n'est point sacrifiée ; et entre les industriels elle ne distingue pas, elle ne connaît pas de patrons et d'ouvriers. « Industriel » veut dire également patron et ouvrier. L'entrepreneur est un « industriel, » et c'est un homme utile aux hommes ; l'ouvrier est un industriel, et c'est aussi un homme utile aux hommes. Puisque l'objet de la politique sociale est la production, par cela même est politique, est social tout ce qui est productif, et tout ce qui est improductif est anti-politique et anti-social. L'antagonisme n'est donc ni entre fabricants et agriculteurs, ni entre patrons et ouvriers : puisque tous sont utiles, tous composent une seule et même classe, la classe industrielle, autrement dit la classe productive ; l'antagonisme est entre cette classe tout entière et la classe improductive, — la noblesse, le clergé ; — entre les « travailleurs » et les « oisifs ; » entre les « abeilles » et les « frelons. » Le crime d'État pire que tous les crimes, c'est l'oisiveté, et par conséquent, au-dessus de toutes les vertus, la vertu d'Etat, c'est le travail. L'État doit être du haut en bas orienté, tendu et comme bandé vers le travail.

Dans cet Etat, pour cette politique, deux partis, pas un de plus : la classe productive, parti industriel, « parti national, » et la classe improductive, « parti anti-national. » Il faut arracher le pouvoir au parti anti-national, le donner au parti national. Il faut le lui donner pour développer, multiplier, « universaliser le travail, » et, pour cela, après avoir « nationalisé » la politique et le gouvernement, « nationaliser » la propriété [42]. On ne dit pus l'abolir, mais la *nationaliser* ; ni la supprimer, mais la *socialiser* ; ni la détruire, mais créer une propriété nationale ou sociale, et, plus exactement, un fonds national ou social, par extinction périodique, par solution de continuité de la propriété privée. Toute propriété privée, en effet, n'est pas abolie, ni supprimée, ni détruite ; ce qui est aboli, supprimé, détruit, c'est l'héritage : ainsi ce n'est point la propriété, c'est la transmission de la propriété. C'est l'héritage privé ; l'État est, au profit de l'universel travail, l'universel héritier : et ainsi la propriété n'est plus perpétuelle, mais viagère ; elle est comme une emphytéose plus ou moins longue que la société ;

consent à l'individu, et qui, à sa mort, fait retour à l'État pour être par lui baillée à un autre en emphytéose jusqu'à la mort. A cette possession précaire, il n'est qu'un titre : le travail. Nulle égalité du reste, ni active ni passive, ni dans le devoir ni dans le droit : « De chacun selon sa capacité, à chacun selon ses œuvres. » L'État a pour fin le travail, pour ressort le travail, pour limite de ses attributions et pour mesure de ses distributions, pour règle de sa justice, le travail ; il transforme la propriété en prime pour récompenser, en crédit pour encourager, en capital pour féconder le travail.

Le roi règne, les industriels gouvernent. Le roi appelle à lui « les industriels les plus importants ; » il leur confie « la haute direction de la fortune publique. » En conséquence, un Conseil d'industriels est chargé de préparer le projet de budget [43] ; une Chambre d'industriels est chargée de procurer la tranquillité des citoyens et l'économie dans les finances. Mais, si ce sont « les plus importants » des industriels qui gouvernent, ils ne doivent pas gouverner pour eux-mêmes. « Le projet de budget sera conçu dans l'intérêt de la majorité de la nation ; il tendra le plus directement possible à l'amélioration de l'existence du peuple, en favorisant les progrès et le développement de l'industrie. » A cet effet, « les deux premiers articles de dépenses seront : 1° celui relatif à l'instruction du peuple ; 2° celui ayant pour objet d'assurer du travail à tous ceux qui n'ont point d'autre moyen d'existence [44]. » C'est, très reconnaissable, une variante de l'axiome : « Toutes les institutions ont pour objet l'amélioration la plus rapide possible du sort de la classe la plus nombreuse et la plus pauvre ; » si ce n'est pas encore « l'avènement » des travailleurs, au moins est-ce déjà peut-être l'avènement du travail ; et, si ce n'est pas encore celui du Travail, au moins est-ce sans doute celui de l'Industrie. Si ce n'est pas l'avènement du Nombre, c'est tout au moins celui d'une élite administrant et légiférant au bénéfice du Nombre ; et, si ce n'est pas encore l'avènement du peuple à l'État, c'est tout au moins celui d'une bourgeoisie qui se propose le bonheur du peuple, et, sinon d'une démocratie, du moins d'une oligarchie de sentiment démocratique.

D'autres ont trouvé d'autres recettes et se servent d'autres formulaires. Ce n'est plus un Conseil et une Chambre des industriels qui ont mission d'administrer et de légiférer pour le bonheur de la

Charles Benoist

nation ; mais c'est toujours un gouvernement unitaire, régulateur industriel, qui domine la hiérarchie des pouvoirs régionaux, provinciaux et communaux [45]. Ce n'est pas par la suppression de l'hérédité que la propriété est transformée, c'est par l'association volontaire ou obligatoire ; et elle n'est pas nationalisée ou socialisée, mais, si l'on peut le dire, « communalisée [46] » ou « sociétarisée. » Plus de vastes centres où la race s'étiole, plus de villages dispersés, mais un pays dessiné au cordeau par un arpenteur social : ici excès et là défaut de population : il n'y a qu'à en ôter où il y en aurait trop, et à le mettre où il en manque. Partout des agglomérations égales, des *phalanges* de 1 800 à 2 000 personnes, auxquelles tous les habitants apportent leurs immeubles, leurs capitaux, leurs instruments de travail ; en échange de quoi ils reçoivent des parts ou actions garanties par des hypothèques sur le fonds commun [47]. Chacun conserve pourtant, en cette communauté, sa personnalité : c'est l'individualisme dans le communalisme ou le sociétarisme ; chacun travaille librement, suivant ses aptitudes et ses facultés, dans le groupe de travail qu'il a librement choisi. Chacun est rétribué suivant la triple proportion du capital, du travail et du talent ; et de la sorte, dans le phalanstère, sous le commandement des *unarques*, chefs des phalanges, et de l'*omniarque*, chef de cette société de sociétés [48], le monde goûte enfin la félicité et la paix. Beau rêve où reviennent des réminiscences de Morelly, dont *la tribu* était proche parente de *la phalange* ; rêve que le monde a déjà fait plus d'une fois depuis les Frères moraves, et auparavant, avec toutes les *Spensonias* et toutes les *Oceanas*, avec toutes les *Utopies* et toutes les *Cités du soleil*, mais qu'il recommence sans lassitude ni désillusion, avec toutes les *Icaries* et toutes les *Crécheries*, avec toutes les Cités nouvelles. De telles idées déposent et se cristallisent dans le cerveau des hommes : plus ils sont ou plus ils se sentent malheureux, plus désespérément, c'est-à-dire avec de plus folles espérances, ils s'accrochent aux marchands de bonheur. En vain on se moquera des folies authentiques des Saint-Simoniens et des Fouriéristes, des processions de Ménilmontant, de l'homme-femme, de la « papillonne, » des « diablotins, » des « gammes, pivots et amitiés en quinte superflue, » des « amours en tierce diminuée [49] ; » en vain on rira de ce qui est en effet ridicule dans le saint-simonisme et le fouriérisme. On s'en est vraiment trop

II. LES IDÉES

moqué, et l'on en a vraiment trop ri. Mais, pour qui réfléchit à l'évolution moderne des idées sur le Travail, sur le Nombre et sur l'État, il n'y a pas de quoi se moquer si haut et rire ; si fort, car Saint-Simon et Fourier, les Saint-Simoniens et les Fouriéristes, et tout ce qu'on a dans la suite nommé le saint-simonisme et le fouriérisme, ont fait beaucoup pour elles. Ils ont fait beaucoup pour l'idée moderne du Travail, en lui attribuant dans leurs constructions sociales la place d'honneur, en voulant en étendre le champ à l'infini ; pour l'idée moderne du Nombre, eu assignant comme fin dernière à la politique le plus grand bien du plus grand nombre [50] ; enfin, — Saint-Simon, si ce n'est Fourier [51], — pour l'idée moderne de l'État, en lui conférant en ce domaine une espèce d'omnipotence, en absorbant presque toutes ses fonctions dans une suprême fonction de régulateur du travail. Et ils ont fait pour ces trois idées, qui sont bien les idées fondamentales ou centrales de notre temps, beaucoup encore d'une façon plus indirecte, ne fût-ce qu'en prêchant le millénium [52], en annonçant que, dans l'alternance des périodes critiques et des périodes organiques, une ère critique était close, une ère organique allait s'ouvrir, et en l'ouvrant eux-mêmes par une tentative d'organisation ou de réorganisation de l'industrie [53], d'organisation de l'État industriel.

III

La démarcation est ici. Jusqu'ici on n'a point vu apparaître « la lutte des classes, » ou, si elle est timidement apparue, ce n'a été que par intermittences et pour disparaître aussitôt. *Le Tribun du Peuple* a avancé que la Révolution française a été « une guerre entre les riches et les pauvres, » mais il a dit aussi « entre les patriciens et les plébéiens. » Et généralement on continue d'entendre, comme en 1780 et comme en 1793 : « entre les nobles et les roturiers. » C'est entre l'aristocratie et la démocratie représentée par la bourgeoisie plutôt qu'existant d'une existence propre que, jusqu'ici, l'on a vu et dénoncé l'antagonisme ; entre les industriels et les non-industriels, entre les producteurs et les non-producteurs [54] ; nullement entre les patrons et les ouvriers, ni entre le patronat et le prolétariat, car on commence dès lors à dire « le patronat » et « le prolétariat. » Mais dès lors commence à s'accuser cette transformation psychologique de l'ouvrier qui est une des conséquences les plus importantes de la révolution économique et sera l'un des facteurs les plus puissants de la révolution politique.

La concentration du travail dans l'usine et des travailleurs autour de l'usine fait que la souffrance réelle, tout en étant moins grande peut-être, pèse bien plus lourdement ; et, à la souffrance réelle plus pesante, l'instruction de plus en plus répandue vient encore ajouter comme une « sur-souffrance. » Ceux-là en effet souffrent davantage et sont plus cruellement blessés qui errent en quelque sorte ballottés entre les deux classes, renvoyés de l'un à l'autre, sans tenir ni appartenir à aucune, plus près du patronat par l'instruction, plus près du prolétariat par l'indigence, déclassés, inclassables. « Il faut être aveugle pour ne pas voir que la classe la plus malheureuse, c'est celle des hommes sans fortune, mais dégrossis et raffinés par une éducation qui a élargi leur esprit et leur cœur, qui les a initiés aux jouissances de l'opulence, qui a évoqué en eux des besoins ardents, une ambition dévorante ;... pour ceux-là, la vie n'est qu'une amère déception ; elle s'égare souvent dans l'abjection et se termine par le suicide [55]... » — A moins qu'elle ne s'égare dans la révolte, en attendant, lorsque l'État sera livré au Nombre, qu'elle se termine par la politique ! Ces déclassés sont comme le ferment qui va faire lever la masse, par elle-même neutre et amorphe, du Travail.

Une impatience haineuse de l'inégalité double et décuple en eux la passion furieuse de l'égalité. Au moment où cette flamme s'allume, Babeuf lui-même semble sortir de sa tombe pour souffler le feu. C'est en 1828 que Buonarroti [56], son compagnon et son témoin, publie l'*Histoire de la Conspiration des Égaux*, et les effets ne tardent pas à en être visibles, non seulement dans les idées, mais dans les faits. Il n'est pas jusqu'au mot de' « conspiration » qui ne tombe à point en un milieu bien préparé, où il est sans cesse question de clubs et de sociétés, de loges maçonniques et de « ventes » de *carbonari*, d'intrigues ténébreuses de la Congrégation et contre la Congrégation. La révolution de Juillet 1830 est politique, mais l'insurrection de Lyon, en 1831, est sociale : « Du travail ou la mort ! — Du pain ou du plomb [57] ! » Toute politique qu'elle est, d'ailleurs, la révolution de 1830 a bien aussi son aspect ou son côté social, car, en installant ouvertement et, on peut le croire alors, définitivement, la bourgeoisie aux affaires, elle déplace politiquement l'antagonisme, que l'évolution du travail et les progrès de l'industrie, vers cette même date, déplacent économiquement. Dorénavant l'antagonisme sera non plus entre l'aristocratie et la bourgeoisie, mais entre la bourgeoisie et le peuple : ou mieux entre le capital et le travail, entre l'argent et la main-d'œuvre ; et, comme des nobles « déclassés » étaient naguère venus dire à la bourgeoisie que les ennemis du peuple étaient les nobles, et que c'était à elle à le sauver, d'eux, de même des bourgeois « déclassés » venaient dire au peuple que la bourgeoisie était coupable et responsable de ses maux, que c'était à lui-même, par lui seul, à se sauver d'elle, et qu'il ne se sauverait d'elle qu'en prenant position contre elle. Aussi bien, prétendaient-ils, n'est-ce pas la nature, la force des choses qui met en antagonisme ces deux classes, le patronat, le prolétariat, et les oblige à prendre position l'une contre l'autre ?

Ce qui est sûr, c'est que désormais le mouvement des idées comme le mouvement des faits, dans l'ordre politique comme dans l'ordre économique, porte et pousse en avant et au-dessus de toutes les questions une question ; c'est qu'il y a une question sociale ; et c'est que la question sociale se ramène de plus en plus à la question du Travail, qui se décompose en une série de questions ouvrières. Suivant une marche prévue, on avait débuté par des généralités, on va en spécialisant. L'attaque n'est pas moins violente, ni la critique moins âpre ; mais ce n'est plus la société en général, ni toute société, qu'on attaque sur toute la ligne, dans son être et dans son principe : c'est la société d'aujourd'hui dans sa structure et dans sa forme, la forme présente de la société telle qu'elle résulte de la forme d'industrie qui prévaut ; c'est cette forme même d'industrie ; et, dans l'industrie, c'est la concurrence et la mauvaise organisation, ou la désorganisation, ou la non-organisation du Travail. Quoique au fond il s'agisse toujours d'une refoule de la société tout entière, au dehors et dans l'expression il ne s'agit même plus d'une « réorganisation de l'industrie, » ce qui est encore vague, mais de la réorganisation ou de l'organisation du Travail. La réorganisation de l'industrie, c'était bon au temps de l'Harmonie, avant « la lutte des classes, » mais là, sur le terrain de la lutte des classes, le but, l'objectif, c'est l'organisation du Travail. Généreusement, mais vainement on avait voulu faire de l'industrie, patronat et prolétariat réunis, entrepreneurs et ouvriers réconciliés, une sorte de Confédération des forces productives ; on veut maintenant faire du Travail une manière de *Sonderband*, la Ligue séparée des forces ouvrières contre les forces patronales. Qu'on ne s'assemble pas pour élaborer une constitution défensive et conservatrice ou même progressive de l'Industrie ; mais, au contraire, qu'on se retranche pour élaborer une constitution offensive, rénovatrice et même révolutionnaire du Travail : point de paix sociale, tant que durera la forme présente de la société ; la guerre sociale, jusqu'à ce que, sur cette société abattue, se dresse une société tolérable, laquelle ne sera tolérable que si elle est faite ainsi, et non autrement, que si elle est à nous, et non aux autres, que si c'est la société aux ouvriers, la société du Travail.

Posée en ces termes ou en termes à peine moins tranchants, passée tout de suite à l'état aigu, la question s'impose à tous les gouvernements, à tous les partis, à tous les citoyens, à toutes les écoles, à tous les esprits, à quiconque pense et à quiconque vit : et il faut penser, puisqu'il s'agit de vivre, il faut se déclarer pour ou contre, attaquer ou se défendre, — mais nul ne peut rester indifférent, ou nul du moins ne peut plus ignorer. Et c'est encore quelque chose de nouveau et de caractéristique, qu'à présent il faille se défendre, et trouver des raisons et des arguments pour la société, si d'autres en trouvent bien contre elle. Autrefois, quand de loin en loin il lui arrivait de subir quelque assaut, ce n'était que fantaisie belliqueuse de solitaires. On regardait et on passait, en haussant les épaules, tant on avait la certitude qu'ils en seraient pour leur peine, que tout au plus réussiraient-ils à se singulariser, et qu'elle ne s'en porterait pas plus mal. Mais ce n'est plus à présent une bande d'enfants perdus et ce n'est plus une escarmouche : ce sont deux armées et c'est une bataille. Depuis cinquante ans, depuis 1789, on a perdu le sens de l'éternité : on sait d'expérience qu'il n'est pas d'institution, politique ou sociale, qui puisse se vanter d'être immuable. Et l'on a peut-être un peu aussi gagné le sens de la justice : on se dit qu'il est possible que tout ne soit pas taux dans ces plaintes qui montent de la foule, et que tout ne soit pas chimérique dans ces espérances ; qu'en tout cas, il faut écouter, il faut voir.

Alors, soit pour combattre, soit pour écouter et pour voir, avec des intentions diverses, on s'approche et de plus en plus rares sont ceux qui se tiennent délibérément à l'écart. Philanthropes et politiciens,

II. LES IDÉES

philosophes et démagogues, hommes d'Etat et hommes d'étude, hommes de tête et hommes de main, petits manteaux bleus et manteaux couleur de muraille, savants et faiseurs, chevaliers du peuple et pêcheurs en eau trouble, il n'est personne qui se désintéresse, — pas même les plus désintéressés. Ce qui le prouve, c'est l'extrême abondance de la « littérature » sociale entre 1830 et 1840. Et de plus en plus on serre la question, de plus en plus on spécialise, on divise, on fait des séries de questions. Les uns pour, les autres contre, d'autres enfin ni pour ni contre, — mais ceux-ci naturellement les moins nombreux, qui ne cherchent et ne servent que la vérité pure, — tout le monde s'y met : on plonge dans les profondeurs de la société ; on en sonde tous les coins ; on en interroge tous les mystères, C'est en 1837 que M. de Gasparin présente son rapport sur l'Assistance [58], en 1838 ou 1839 que Frégier, chef de bureau à la préfecture de police, publie son livre sur *la Misère et le Crime* [59], en 1842 que parait l'ouvrage, aussitôt célèbre, de Buret, où les socialistes puisent comme dans une mine ou dans un arsenal [60]. L'Institut s'émeut officiellement ; et l'Académie des sciences morales charge d'une enquête le Dr Villermé. D'ailleurs, on ne circonscrit pas étroitement le regard à la France : on jette les yeux sur l'Angleterre, l'Europe, l'Amérique même. En 1833, le baron d'Haussez donne un tableau de la Grande-Bretagne [61]. Le traité classique de Tocqueville, *la Démocratie en Amérique*, est de 1835 ; l'*Histoire de l'Economie politique en Europe*, d'Adolphe Blanqui, de 1837 [62]. On connaît en France, dans le texte ou par des traductions, depuis 1836, la *Philosophie des manufactures*, de Ure [63] ; vers 1840, l'ouvrage de Bulwer [64], le pamphlet de Marcus [65], le *Livre du Meurtre* [66]. Le mouvement chartiste attire et fixe l'attention.

Mais la collection et la collation des faits ne font ni dédaigner, ni délaisser la théorie. C'est au contraire une floraison, un épanouissement de doctrines, et jamais, peut-être, on ne vit pousser tant de systèmes à la fois. Pêle-mêle des noms s'offrent à la mémoire : Sismondi [67], Buchez, Villeneuve-Bargemont, Quételet [68], Pecqueur, Vidal, Cabet [69], Villegardelle [70], Lamennais [71], Pierre Leroux, Proudhon, Considérant ; et, les dépassant tous, les dominant tous, celui qui est le plus sûr de rester : Auguste Comte ; et le nom de l'homme par qui devait se faire la transition, l'heure venue, entre la pensée et l'action, entre les idées et les lois : Louis Blanc. Pour l'instant, ce n'est encore qu'un grand flux de pensée, une grande éruption d'idées. Sur tous ces hommes et toutes ces œuvres il serait amusant, et probablement instructif, de coller des étiquettes, de les classer par genres et espèces : économistes orthodoxes, économistes dissidents, économistes chrétiens, doctrinaires et libéraux, démocrates, socialistes autoritaires, collectivistes, communistes, individualistes raisonnables et individualistes paradoxaux ; etc. ; et sûrement il serait instructif, sinon toujours amusant, d'analyser toutes ces idées pour en établir la nature, la qualité, la formation et la composition. Mais l'analyse des idées, c'est de l'histoire ou de la philosophie : la politique ne s'occupe que de la synthèse des forces. Même pour les idées-forces, — nous l'avons déjà dit, mais on ne saurait trop le redire, — l'idée ne relève de la politique que du moment où elle est devenue une force ; et, si deux idées-forces tombent en contradiction ou entrent en conflit, ce n'est ni la plus intéressante, ni même la plus juste, que la politique doit suivre : c'est la plus forte. Voici donc toutes ensemble, telles qu'alors elles bouillonnent et coulent, les idées-forces de ces dix années, en ce qui touche le Travail, le Nombre et l'État.

— La liberté économique illimitée est une erreur ou une duperie. Dans le domaine économique, l'État a certainement un droit et un devoir [72]. En ce siècle, si fier de lui-même « *la seule faim* est la loi souveraine de la conduite morale, rationnelle et industrielle de l'immense majorité. » Nulle entente, partout des égoïsmes jaloux les uns des autres. Une concurrence effrénée entraîne la baisse de la main-d'œuvre et la misère des ouvriers. Le régime du travail découvre « des plaies profondes et hideuses. » Le progrès se fait, « par les masses, humanité, nation, non par les individus. » Mais les masses seules ne le feraient pas ; il leur faut une direction, qui ne peut être que celle de l'État. Comme pouvoir politique, l'État n'a d'autre borne à sa puissance que le sentiment de son devoir. Et, en matière économique, l'État doit être « une prévoyance collective [73]. » Que dit-on « une prévoyance ? » il ne faut pas avoir peur du mot, et c'est « une Providence » qu'il faut dire. « Les gouvernements sont les ministres visibles de la Providence. » Ils sont institués pour « assurer à tous les membres de la société justice, protection, liberté. » Mais leur sollicitude appartient légitimement « aux pauvres bien plus qu'aux riches, aux faibles plus encore qu'aux puissants. » En faveur des pauvres, le gouvernement a tout à faire ; en faveur des faibles, il doit faire tout ce qu'il peut faire [74]. Comme la propriété industrielle se développe de jour en jour, et comme il est de la nature de l'industrie « d'agglomérer une multitude d'hommes dans un même lieu, d'établir entre eux des rapports nouveaux et compliqués, » la classe industrielle a besoin d'être « réglementée, surveillée, contenue » plus que les autres classes. Il est donc naturel « que les attributions du gouvernement croissent avec elle. » L'industrie « apporte le despotisme en son sein, il s'étend naturellement à mesure qu'elle se développe [75]. » Et ne prenez pas « despotisme » en trop mauvaise part : il ne signifie guère en ce cas que très large intervention d'une très haute autorité.

Le programme maximum ou intégral irait jusqu'à socialiser les individus, les moyens de production et le sol, « faire en sorte que le sol et les moyens de production… soient régis, exploités, employés sous la suprême direction des pouvoirs représentatifs, » et, puisque aussi bien, l'usine est un centre où l'ouvrier va se servir d'instruments qui ne lui appartiennent pas, créer un centre, un seul, auquel appartiendraient tous les instruments de travail ; — centre unique qui serait l'État, dans lequel tous les citoyens deviendraient des fonctionnaires [76]. Mais il y a un programme minimum : faire en sorte que le travail parvienne à conquérir « une part, si petite soit-elle, de la propriété des instruments qu'il emploie ; » et, pour qu'il y parvienne, recourir sans hésitation à la loi. La loi est bienfaisante. « La loi, quand elle est bien intentionnée et intelligente, a le pouvoir de faire le bonheur d'un peuple : la loi intelligente est l'expression de la justice. » Tout est organisé, sauf l'industrie. Il faut l'organiser, fonder « le gouvernement de l'industrie, » le fonder sur le travail et pour le travail. « Que la loi fasse en faveur du travail moitié moins seulement de ce qu'elle a fait autrefois contre lui, et la cause la plus générale de la misère sera supprimée [77]. » Le gouvernement n'est pas, comme les économistes l'ont trop dit, « un ennemi naturel campé au milieu du système social. » On ne peut se passer, si l'on veut prévenir « la dispersion fondamentale des intérêts, » de « l'énergique prépondérance d'un pouvoir central ; » et ce pouvoir central « énergiquement prépondérant » devra agir

Charles Benoist

« énergiquement » en matière économique ; avec une « énergie »
toute spéciale, il « interviendra dans les relations des ouvriers et
du patron, ainsi que dans les relations des diverses industries entre
elles. » L'État sera tourné vers les prolétaires, pour qui il est plein
de sympathie, et au bénéfice de qui doit être « énergiquement »
exercée et résolument dirigée l'action sociale [78].

Lier ensemble, enchaîner l'une à l'autre, employer l'une à l'autre
l'action politique et l'action sociale. Prolétariat et démocratie sont
synonymes ; il ne faut plus « séparer la revendication économique
en faveur des besoins du prolétariat de la revendication politique
en faveur des droits de la démocratie. » L'État doit servir, doit
s'appliquer, doit s'adonner à faire triompher cette double et unique
revendication ; — l'État, ce « chef-d'œuvre de la faculté créatrice… »
Qui dit cela ? Pierre Leroux [79]. Et qui dit ceci : « Le régime féodal
ayant été aboli, le principe de la liberté et de l'égalité civile proclamé,
la conséquence était qu'à l'avenir, la société devait s'organiser non
pour la politique de la guerre, mais pour le travail ? » L'homme
par la bouche brûlante duquel le verbe soit passé le plus caustique
depuis Rousseau, Proudhon, — oui, — l'ennemi personnel de
l'État, le prophète de l'Anarchie, Proudhon lui-même [80].

il faut organiser le Travail, dit Arago [81]. Il faut organiser le Travail,
répète Ledru-Rollin [82]. Et cent autres, puis des milliers d'autres, le
répètent après eux. Mais qui peut, organiser le Travail ? Evidemment
l'État, et l'État seulement. Mais encore quel État ? Évidemment
l'État au Nombre, l'État du Nombre, et cet Etat seulement, qui, par
la force des choses, sera l'État du Travail. Il faut donc poursuivre
sans se lasser l'introduction du suffrage universel : en lui, dans le
suffrage universel, est le moyen d'arriver à « de justes améliorations
sociales ; » le moyen « d'émanciper le prolétariat, » « d'amener
une distribution des richesses plus équitable ; » — Ledru-Rollin,
Godefroy Cavaignac, Cabet, Raspail le disent [83], et tant d'autres
le répètent, — le moyen de réaliser un jour l'État du Travail en
réalisant d'abord l'État du Nombre.

Cependant de plus en plus le ferment pénètre et échauffe la masse.
Il la pénètre peu à peu par la propagande du parti républicain
démocrate [84], et, bien que les journaux soient chers et relativement
peu lus, par le journal de ce parti, *la Réforme*, au secours duquel
viennent successivement la *Revue républicaine*, la *Revue du Progrès*,

et l'*Atelier*, qui s'adresse particulièrement aux ouvriers ; par la brochure populaire, comme *les trois Dialogues de maître Pierre avec François* ; par la société *Aide-toi*, l'*Association pour la Liberté de la presse*, l'*Association pour l'Instruction populaire*, la société des *Amis du peuple*, la société des *Droits de l'homme* ; plus bas et plus en secret, par les *Légions révolutionnaires*, les *Familles*, les *Phalanges démocratiques*, les *Saisons*, la *Société communiste* et les *Travailleurs égalitaires*. Le grand soir approche, ou le grand matin. Depuis 1839, depuis qu'il a jeté dans la circulation son petit livre, l'*Organisation du Travail*, l'homme est là. Il a l'ambition, il a la flamme, il a la foi. Il vient à temps, il est de son temps. Il réunit, en sa personne menue, remuante, et comme tourmentée par un besoin de croissance et de dilatation, le charme et la fougue ; en sa doctrine, les deux pensées du siècle, l'organisation et l'association ; en sa méthode, les deux procédés, la prédication et l'action, le socialisme philosophique et le jacobinisme politique. Plus nettement et plus décidément que tous, il veut le Nombre pour avoir l'État, et l'État pour organiser le Travail. Dépouillées du prestige oratoire, les idées de Louis Blanc n'ont rien de bien neuf ni de bien original ; mais il a compris que « ne pas prendre le pouvoir pour instrument, c'est le rencontrer comme obstacle ; » et les circonstances font qu'il peut prendre le pouvoir pour instrument.

Les idées, dès lors, valent moins en elles-mêmes. Les faits sont aux trois quarts accomplis. Ce qu'il reste d'idées à développer et de faits à accomplir va désormais se développer et s'accomplir surtout par les lois. Par les lois, le Travail va emplir et accaparer l'État, dont le premier et le dernier mot est le Nombre.

Notes

1.   Voyez la Revue du 15 mars.

2.   « A Rome, les hôpitaux font que tout le monde est à son aise, excepté ceux qui travaillent, excepté ceux qui ont de l'industrie, excepté ceux qui cultivent les arts, excepté ceux qui ont des terres, excepté ceux qui font le commerce. »

3.   « J'ai dit que les nations riches avaient besoin d'hôpitaux, parce que la fortune y était sujette à mille accidents ; mais on

sent que des secours passagers vaudraient bien mieux que des établissements perpétuels. Le mal est momentané : il faut donc des secours de même nature, et qui soient applicables à l'accident particulier. » Esprit des Lois, liv. XXIII, ch. XXIX. Des Hôpitaux.

4.   Ibid., liv. XX, ch. XVII : « Les lois qui ordonnent que chacun reste dans sa profession, et la fasse passer à ses entons, ne sont et ne peuvent être utiles que dans les États despotiques, où personne ne peut ni ne doit avoir d'émulation. »

5.   Esprit des Lois, liv. XXIII, ch. XVII. Du nombre des habitants par rapport aux arts.

6.   « Des gens, frappés de ce qui se pratique dans quelques Etats, pensent qu'il faudrait qu'en France il y eût des lois qui engageassent les nobles à faire le commerce. La pratique de ce pays est très sage : les négociants n'y sont pas nobles ; mais ils peuvent le devenir. Ils ont l'espérance d'obtenir la noblesse, sans en avoir l'inconvénient actuel. Ils n'ont pas de moyen plus sûr de sortir de leur profession que de la bien faire, ou de la faire avec honneur... » Ibid., liv. XX, ch. XXIII.

7.   Esprit des Lois, liv. VII, ch. Ier, Du luxe.

8.   1755 et 1760.

9.   Benoît Malon, dans le Socialisme intégral (1890). t. Ier, p. 124, le qualifie pourtant d' « humble instituteur » : « sa vie est restée inconnue », dit le Nouveau Dictionnaire d'Economie politique. Avant le Code de la Nature, Morelly avait publié un Essai sur l'esprit humain, 1743 ; un Essai sur le cœur humain, 1745 : le Prince ou Traité des qualités d'un grand roi, et le Système d'un sage gouvernement, 1751 ; le Naufrage des îles flottantes ou la Basiliade, 1753.

10.   Le mariage aura lieu de quinze à dix-huit ans ; il sera obligatoire et indissoluble pour dix ans : après dix ans, le divorce sera permis. Les enfants, que la mère allaitera obligatoirement, resteront dans la famille jusqu'à cinq ans : après quoi, ils seront élevés en commun aux frais de la société : ils recevront obligatoirement une éducation tout expérimentale, dégagée de toute crainte comme de toute espérance, sans intervention de la divinité, et professionnelle à partir de l'âge de dix ans. De 20 à 25 ans, ils seront répartis dans les diverses branches du travail par un conseil de révision,

pacifique distributeur des peines et des récompenses, qui du reste ne pourront jamais être des récompenses en argent, tout argent étant capital social, tout capital étant instrument de travail, et tout instrument de travail étant à la fois indivisible quant au fonds et commun quant à l'usage ; — nul autre privilège au talent que celui de diriger les travaux dans l'intérêt commun. Tous les cinq jours, repos public et, par surcroit, des fêtes publiques nombreuses. — Le projet de Morelly comprenait du reste, trente ans avant Lagrange, Berthollet, Borda et Prony, l'introduction du système décimal pour les poids et mesures.

11.	Je sais que le sens où j'emploie, dans tout cet article, le mot d'idées-forces n'est pas tout à fait celui que son auteur, M. Alfred Fouillée, lui a donné et lui conserve ordinairement ; mais peut-être n'en est-ce pas pourtant un abus impardonnable, si, moyennant cette légère déviation, la langue politique peut l'emprunter au langage philosophique.

12.	Discours sur l'inégalité.

13.	Emile, liv. III.

14.	Esprit des Lois, liv. VII, chap. II. Des lois somptuaires dans la démocratie.

15.	Voyez J. -G. Bouctot, ouv. cit., t. I, p. 20.

16.	Par une de ces contradictions dont il est coutumier, tout aussitôt le maître d'Emileconsulte « l'agrément, l'inclination, la convenance, » décide qu' « il faut que tous les métiers se fassent, mais qui peut choisir doit avoir égard à la propreté, » et, pour tant de raisons, ne veut faire de son élève ni un maréchal, ni un serrurier, ni un forgeron, ni un maçon, ni, quoique préférable au poète, encore moins un cordonnier. L'état qu'il préfère à tous les autres, c'est celui de menuisier ; et il n'est pas jusqu'à ce choix dont on ne puisse retrouver encore l'influence, un demi-siècle après, dans la discipline saint-simonienne.

17.	Emile, liv. III.

18.	Ibid., liv. III.

19.	Voyez F. Brunetière, Manuel de l'Histoire de la Littérature française.

20.	L'expression est de Mercier de la Rivière.

Charles Benoist

21.   Doutes proposés aux philosophes économistes sur l'ordre naturel et essentiel des Sociétés.

22.   Eug. d'Eichthal, Socialisme, communisme et collectivisme, p. 58.

23.   Séance de la Convention du 8 mars 1793.

24.   D'Eichthal, ouv. cit., p. 59.

25.   Sur le « socialisme » au XVIIIe siècle et pendant la Révolution française, voyez les travaux de M. A. Lichtenberger et les études de M. Emile Faguet, dans ses Questionset Problèmes politiques.

26.   « Il nous faut non pas seulement cette égalité transcrite dans la Déclaration des droits de l'homme et du citoyen ; nous la voulons au milieu de nous, sous les toits de nos maisons. » Manifeste des Égaux. — Analyse de la doctrine de Babeuf, manifeste distribué en avril 1796. — Cf. Buouarroti, Conspiration pour l'égalité, dite de Babeuf ; et, du même, dans l'Encyclopédie nouvelle de Pierre Leroux, Résumé des utopies de Babeuf ; V. Advielle, Histoire de Gracchus Babeuf et du Babouvisme. Condorcet, qui, — comme le remarque M. Anton Menger, le Droit au produit intégral du travail, p. 89, — « n'a nullement été un socialiste, » ne s'exprime guère autrement. Dans les jours mêmes qui ont précédé sa mort (1794), « il déclare qu'il considère l'égalité de tous les hommes en instruction et en bien-être comme le dernier but de l'art social. » Égalité de fait, dernier but de l'art social. — Cf, Esquisse d'un tableau historique des progrès de l'Esprit humain.

27.   Quelques aphorismes : « Le peuple français devait être déclaré comme propriétaire du territoire national ; — le travail individuel, déclaré fonction publique et réglé par la loi ; — les citoyens seraient répartis en diverses classes et chargés d'une somme de travail exactement pareille ; les fonctions incommodes seraient remplies à tour de rôle ; le pouvoir social, représenté par des magistrats chargés d'équilibrer l'ensemble de la production…, de veiller à la répartition faite par rations égales à chaque citoyen des produits généraux réunis dans les magasins publics… » — C'est encore et toujours du Morelly, mais moins net. Condorcet, dont le passage, cité plus haut, sur l'égalité de fait sert d'épigraphe au Manifeste des Égaux, a serré de plus près les difficultés et arrive à

des conclusions phis pratiques. C'est ainsi qu'entre autres mesures, il préconise la création de caisses de secours pour la vieillesse, les veuves et les enfans. la fondation de compagnies d'assurances, etc.

28.   « Les poètes ont placé l'âge d'or au berceau de l'espèce parmi la grossièreté et l'ignorance des premiers temps. C'était bien plutôt l'âge de fer qu'il fallait y reléguer. L'âge d'or du genre humain n'est pas derrière nous, il est devant nous, il est dans la perfection de l'ordre social, nos pères ne l'ont point vu, nos enfans y arriveront un jour, c'est à nous de leur en ouvrir la route. »

29.   Saint-Simon l'avait bien prévu : « Il y aura cette différence entre les travaux du XVIIIe siècle et ceux du XIXe, que toute la littérature du XVIIIe siècle a tendu à désorganiser et que toute celle du XIXe tendra à réorganiser la société. » Mémoire sur la Science de l'homme, dans les Œuvres choisies de C. H. de Saint-Simon, précédées d'un essai sur sa doctrine. Bruxelles, van Meenen et Cie, 1859 ; 3 vol. in-16 ; t. II, p. 152.

30.   Enfantin, Considérations sur l'organisation féodale et industrielle, dans le Producteur, 1826.

31.   Auguste Comte, Cours de philosophie positive, notamment aux tomes IV, V, VI, et Système de politique positive, 4 vol., avec une table analytique et alphabétique des matières ; édition de 1883, conforme à la première.

32.   Sismondi, Nouveaux principes d'économie politique, ou De la Richesse dans ses rapports avec la Population, 1820, t. I, p. 407, 414-115.

33.   Albert Brisbane, Social Destiny of Man, or Association and Réorganisation of Industry : 1840. — Franz Stromeyer, Organisation der Arbeil, 1844.

34.   La Table elle-même de la Revue des Deux Mondes en fournirait au besoin une preuve. C'est dans la Revue que Michel Chevalier publie la Question des travailleurs, l'Amélioration du sort des ouvriers et l'Organisation du travail, — livraison du 15 mars 1848 : — et Audiganne, auteur de l'Organisation du travail, examen critique des divers systèmes (mars 1848) en était le collaborateur assidu.

35.   En 1848, il la dénonce comme « illusoire, imaginaire, chimérique, » comme « la ruine de tout le capital, » comme un

attentat à tonte société et à la propriété. »

36. La Politique rationnelle, 1831.

37. Marlo (Karl-Georg Winkelblech) : Untersuchungen über die Organisation der Arbeil, oder System der Weltökonomie ; 3 vol., 1850-1857 ; 2e édition en quatre volumes, 1884-1886.

38. Voyez, par exemple, Franz Hitze, Kapital und Arbeil und die Reorganisation der Gesellschaft, 1881. Je ne dis rien des socialistes purs ou social-démocrates dont les écrits sont innombrables.

39. Ce n'est pas qu'on veuille, — il faut le dire tout de suite, — établir un accord posthume ou faire une assimilation entre Saint-Simoniens et Fouriéristes. On n'a pas oublié tout ce qui les divisait, ni que Fourier ne pouvait pardonner à Saint-Simon ses vues sur l'égalité, sur la communauté des biens, sur la propriété, sur la famille, etc. Mais, en dépit des différences, les points de contact abondent tant que, du dehors, et pour qui n'en juge qu'à l'effet, les deux systèmes peuvent paraître faire bloc : je veux dire que des deux, sans y démêler trop de finesses, l'opinion publique, en leur temps, reçoit un seul coup, et un grand coup.

40. Cf. Catéchisme des Industriels, 2e cahier, dans les Œuvres choisies, t. III, p. 127.

41. Catéchisme, 1er cahier. Œuvres choisies, t. III, p. 68.

42. « La loi qui constitue les pouvoirs et la forme du gouvernement n'est pas aussi importante, elle n'a pas autant d'influence sur le bonheur des nations que celle qui constitue les propriétés et qui en règle l'exercice... » La constitution du gouvernement n'est que la forme, mais « la constitution de la propriété est le fond. » Le droit de propriété individuelle repose sur « l'utilité commune et générale de l'exercice de ce droit, utilité qui peut varier selon les temps ; » et, par conséquent, il est indispensable qu'il y ait un droit de propriété sanctionné par la loi, mais non que ce soit toujours invariablement telle forme de ce droit. » — Saint-Simon, Vues sur la Propriété et sur la Législation, éd. Rodrigues, p. 257, 258, 265, 266.

43. Saint-Simon, Du Système industriel. 2e partie, Œuvres choisies, t. III, p. 47.

44.   Saint-Simon, Du Système industriel, 2e partie, Œuvres choisies, t. III, p. 51.

45.   J. –G. Bouctot, ouv. cité, t. I, p. 102.

46.   Ne pas prendre ce mot dans le sens de « communiste. » — Communiste, Fourier ne l'est à aucun degré, et son socialisme même est d'une espèce si particulière qu'on a pu rapprocher sa doctrine des idées de Proudhon sous ce titre : le Paradoxe de l'Individualisme.

47.   J. -G. Bouctot, ouv. cité, t. I, p. 102.

48.   La hiérarchie fouriériste est pleine de « magnais, » de « magnates, » et de « sceptres gradués. » Il y a une « régence » et un « aréopage : » mais ce ne sont que des « consultans passionnels. »

49.   Comme Saint-Simon, Fourier se propose de multiplier par l'association le bénéfice du travail, et il veut que tous soient sûrs de pouvoir travailler. A son avis, « l'omission ou le refus du droit au travail est l'erreur la plus choquante des théories dites libérales. »

50.   Fourier : « C'est un effrayant problème que d'établir une justice éclatante, une pleine harmonie dans le partage des bénéfices. > : Mais ce problème, il le croit résolu par le régime sociétaire, qui, dit-il, « sue la justice. » — Comme dans le saint-simonisme, les industriels les plus importans, les capitalistes, en Harmonie, ont le souci constant d'améliorer la condition des travailleurs. C'est une « fraternité » ou véritablement une « société ; » et Alcippe prend en charge le bonheur de Jeannot.

51.   Selon Fourier, pourtant, et malgré son « individualisme, » qui n'est pas du tout du « libéralisme, » la contrainte, les voies coercitives sont les seules qui conviennent, dans la période de développement où il est arrivé, à un pays comme la France. « le moins fait pour la liberté politique. » — A maintes reprises, Fourier proteste de son respect pour les pouvoirs publics, et, peut-être par prudence pratique, jure qu'il ne songe pas à toucher à l'Etat, à rogner sur le gouvernement, à en diminuer les fonctions ou les fonctionnaires. Si même il fallait l'Inquisition pour imposer le garantisme, il admettrait l'Inquisition.

52.   Fourier ne se donnait qu'un délai de deux ans pour « amener un premier canton du monde à l'ordre sociétaire. »

Charles Benoist

53.   Pour Fourier comme pour Saint-Simon, l'industrie est une « fonction primordiale. » Elle est « la puissance par excellence, créatrice d'un ordre nouveau et de relations nouvelles entre les individus. »

54.   Dans le Producteur (1825-1826). Enfantin cite néanmoins comme le plus important des antagonismes l'opposition entre ceux qui vivent de leur travail et ceux qui vivent du produit du travail d'autrui. Et cela signifie encore, signifie surtout : « les travailleurs et les oisifs. » Mais, dans les mêmes articles, on trouve déjà cette idée que la « rente foncière et le profit du capital sont un impôt que les ouvriers doivent payer aux propriétaires oisifs des fonds de terre et des capitaux pour que ceux-ci mettent à leur disposition les moyens de production. » Producteur, t. I, p. 243. t. II, p. 411 ; Cf. Anton Menger. ouv. cit., p. 93. Ainsi les propriétaires et capitalistes sont déjà en train de devenir « les oisifs, » et les seuls ouvriers d'être considérés comme « les travailleurs. »

55.   V. Considérant, Destinée sociale, p. 241. Cf. Sismondi, Etudes sur les sciences sociales, t. III, p. 256.

56.   Voyez, sur Philippe Buonarroti (1761-1837) un tout récent article de M. Georges Weill dans la Revue historique.

57.   Voyez Jean Bourdeau, l'Évolution du socialisme, chap. I, p. 11.

58.   D'après les chiffres de 1833. — En cette année 1833, dans les 1 329 hôpitaux et hospices du royaume, il aurait été secouru 425 049 indigènes. — Voyez Louis Blanc, Organisation du travail, 5e édition, p. 43.

59.   Des Classes dangereuses de la population. L'auteur évalue à un peu moins de 65 000 hommes (63 072) « l'armée du mal. » — Cf, Louis Blanc, ouv. cité, p. 44-

60.   De la Misère des classes laborieuses en France et en Angleterre. — Selon Buret, le rapport de la « population souffrante » à la population totale » aurait été alors de 1 à 9 : — soit 3 millions sur 29 millions environ (1 million d'indigens inscrits à multiplier par 3 millions d'indigens non déclarés). — Voyez Louis Blanc, ouv. cité, p. 43 et 209. Joignez-y Rubichon, Mécanisme social, et Edelestand Duméril, Philosophie du budget ; ce sont les « sources » de Louis Blanc.

61.   La Grande-Bretagne en 1833.

62.   Cf. du même, le Cours d'économie industrielle.

63.   Philosophie des manufactures, ou Économie industrielle de la fabrication du coton, de la laine, du lin, de la soie.

64.   England and the English. — Cf. Louis Blanc, Organisation du travail, p. 73.

65.   Louis Blanc, ibid.

66.   Publié en février 1839. Cf. Louis Blanc, ibid.

67.   Ses Nouveaux principes d'économie politique sont de 1820 et par conséquent antérieurs à la période dont nous parlons surtout ici ; mais ils s'y rattachent pourtant par une influence durable.

68.   Sur l'homme et le développement de ses facultés, ou Essai de physique sociale, 1835. — Du système social et des lois qui le régissent. 1848.

69.   Voyage en Icarie, 1842. — Le vrai Christianisme suivant J. -C, 1847.

70.   Histoire des idées sociales avant la Révolution française, ou les Socialistes modernes devancés et dépassés par les anciens penseurs et philosophes, avec textes à l'appui, 1846.

71.   Le Livre du Peuple, 1837 ; Politique à l'usage du peuple, 1838 ; De l'Esclavage moderne, 1839 ; Projet de constitution du Crédit social, 1848 ; Question du travail, 1848, etc.

72.   Sismondi, Nouveaux principes d'économie politique, ou de la Richesse dans ses rapports avec la population. Cf. Etudes sur les sciences sociales. Malgré la pente démocratique de ses opinions, et quoiqu'on ait voulu faire de lui un ancêtre, Sismondi n'aime pas le suffrage universel et repousse avec horreur « la toute-puissance des majorités. » Il serait piquant, à ce propos, de relever, dans la finesse des aperçus de Sismondi, et dans un certain goût qu'il a pour les « combinaisons, » des traces bien marquées d'origine italienne.

73.   Buchez, Introduction à la Science de l'Histoire (1833), t. I, p. 5, 13, 22, 493, Histoire parlementaire de la Révolution française (1833-1838). Le Traité de politique et de science sociale n'a été publié qu'en 1866.

Charles Benoist

74.   Marquis de Villeneuve-Bargemont, Économie politique chrétienne, ou Recherches sur la nature et les causes du paupérisme en France et en Europe, et sur les moyens de le soulager et de le prévenir (1834), t. II, p. 395, t. III, p. 132.

75.   Tocqueville, De la Démocratie en Amérique, Œuvres, t. III, p.. 506 et 508. Ce n'est pas à dire que Tocqueville approuve absolument ou recommande, mais il constate.

76.   Pecqueur, Des améliorations matérielles dans leurs rapports avec la liberté (1839). — Théorie nouvelle d'économie sociale et politique, ou Etude sur l'organisation des sociétés, 1842. Pecqueur aboutit en somme à l'association, « universelle dans chaque pays, » puis cosmopolite ; chaque peuple formerait une vaste association, économique, politique, civile, sous la raison sociale : association française, italienne, américaine, etc. — De même Vidal, De la répartition des richesses, ou de la justice distributive en économie sociale, 1846 ; — Vivre en travaillant, projets, voies et moyens de réformes sociales, 1848.

77.   Buret, De la Misère des classes laborieuses, t. II, p. 234, 251, 290.

78.   Voyez Auguste Comte, Cours de philosophie positive, t. IV, V et VI, passim, surtout dans la fin du VIe. — Cf. Système de politique positive, où la Table analytique (édition de 1883) facilite beaucoup les recherches ; se reporter par exemple aux mots : Appartement normal du travailleur, Apprentissage, Associations, Associations ouvrières, Avenir de l'Industrie, etc. Mais les quatre volumes de la Politique positive n'ont été publiés que de 1851 à 1854. Et c'est pourquoi l'on s'en tient ici à une indication très sommaire des idées d'Auguste Comte sur le Travail et sur l'État.

79.   De l'Humanité, 1840. — De l'Égalité. — Projet d'une constitution démocratique et sociale, 1848.

80.   Idée générale de la Révolution au XIXe siècle, édition de 1868, p. 39. — Cf. J. Tchernoir, le Parti républicain sous la monarchie de Juillet, 1901, p. 110 ; et d'ailleurs, sur tout ce mouvement et toute cette période, la belle Histoire de M. Thureau-Dangin. Avant 1848, Proudhon avait publié, entre autres écrits : Qu'est-ce que la Propriété ? 1er mémoire. 1840, 2e mémoire, 1841 ; Avertissement aux propriétaires, 1842 ; Création de l'ordre dans l'humanité, 1843

; Système des contradictions économiques ou philosophiques ; De la Misère, 1846.

81.   Tchernoir, ouv. cité, p. 161.

82.   Id., ibid., p. 165.

83.   Id., ibid., p. 164, 242, 254, 332.

84.   Sur toute cette propagande et toute cette action, on consultera avec profit l'ouvrage cité de M. Tchernotî. — Cf. G. Weill, Histoire du parti républicain.

III. LES LOIS [1]

D'après les faits et d'après les idées, il est possible de pressentir ce que va être l'œuvre des lois. D'abord, lois de destruction, ensuite de reconstruction. Dans les lois, comme dans les faits et comme dans les idées, on s'attache d'abord à démolir l'ordre ancien de la société, puis lentement, peu à peu, et de plus en plus, on s'efforce à fonder sur les lois l'ordre nouveau conçu dans les idées et déterminé, ou commandé, ou conditionné par les faits. De même que le Travail a changé, qu'à l'atelier de famille s'est substituée la fabrique et à la fabrique l'usine ; de même que le Nombre a changé, qu'il s'est concentré, qu'il a pris conscience de lui-même, qu'il a perdu le sens de l'éternité et que s'est aiguisé en lui le sens de l'inégalité ; de même, enfin, que l'État a changé, reposant à présent sur le suffrage universel, et de bas en haut ou de long en large comme traversé par lui, comme actionné par lui ; ainsi, la conséquence étant en quelque sorte forcée, la loi elle-même change. Elle change de nature : c'était jadis un instrument de conservation ; c'est maintenant un instrument de transformation, d'abord de déformation, si l'on peut le dire, puis de réformation sociale. Elle change de direction ou d'intention : faite jadis pour une certaine propriété, maintenant elle va l'être, d'abord pour la propriété sans exclusion ni privilège noble, puis pour l'industrie, puis pour le travail.

Comme il est naturel, d'ailleurs, puisqu'il ne peut rien y avoir dans les lois qui n'ait été premièrement dans les faits et dans les idées, les lois retardent un peu sur les idées et même sur les faits. Comme il est naturel encore, les lois procèdent, ainsi que les idées, des généralités aux spécialités, et il le faut bien, puisque c'est la méthode même et la forme même de la loi de distinguer et de disposer par espèces. Mais, en même temps qu'elle va se compliquant, se chargeant de détails, et se resserrant en ce qu'elle se précise, la législation du travail, d'autre part, va s'étendant, agrandissant son champ, allongeant et multipliant ses atteintes, unifiant et essayant d'unifier toujours davantage son action : jadis locale et corporative, maintenant nationale, demain, peut-être, internationale en quelques-unes de ses prescriptions et de ses interdictions.

I

Dans sa partie positive et de reconstruction, l'œuvre de transformation de la société par la loi ne commence guère, pour être systématiquement poursuivie, qu'en 1848 ; et la raison en est évidente : ce n'est qu'en 1848 que la transformation psychologique de l'ouvrier et la transformation juridique de l'État sont accomplies, que la révolution économique et la révolution politique se rejoignent, et que « le peuple misérable » devient indirectement, mais réellement, par le bulletin de vote, « le peuple législateur. » Jusque-là, en ses actes principaux, et sauf les exceptions qui nulle part ne manquent jamais tout à fait, la loi n'a guère que démoli : la partie négative de l'œuvre en précède, comme elle le devait, la partie positive.

L'édit de 1776 démolissait : « *Avons éteint et supprimé, éteignons et supprimons* tous les corps et communautés de marchands et artisans, ainsi que les maîtrises et jurandes. *Abrogeons* tous privilèges, statuts et règlements donnés auxdits corps et communautés… » Le décret des 2-17 mars, la loi des 14-27 juin 1791 [2] démolissaient : « *L'anéantissement* de toutes espèces de corporations des citoyens du même état et profession étant l'une des bases fondamentales de la Constitution française, *il est défendu* de les rétablir sous quelque prétexte et sous quelque forme que ce soit. Les citoyens de même état et profession… *ne pourront… Il est interdit…* [3]. Les constitutions elles-mêmes, — chose étrange et contradictoire à toute définition ! — démolissaient. Ce ne sont pas, sur ce point, — celle de 1791 et celle de 1793, — des constitutions, mais plutôt des *destitutions* : « Il n'y a plus ni jurandes, ni corporations de professions, arts et métiers [4]. »

Sans doute on veut, en démolissant, fonder quelque chose, et à la vérité une seule chose, mais qu'on croit qui suffit à tout : la liberté. L'édit de 1770 proclamait : « Il sera libre à toutes personnes, de quelque qualité et condition qu'elles soient,… d'embrasser et d'exercer… telle espèce de commerce et telle profession d'arts et métiers que bon leur semblera… [5]. » Le décret des 2-17 mars 1791, en termes à peu près identiques : « Il sera libre à toute personne de faire tel négoce ou d'exercer telle profession, art ou métier qu'elle trouvera bon. » Les constitutions de 1791 et de 1793 impliquaient ou exprimaient une semblable liberté [6]. Mais c'est la liberté

Charles Benoist

abstraite, idéale, théorique, métaphysique ; la liberté sans droits ni devoirs autres que le droit du voisin à la liberté ; hypothétique, par conséquent : « Libre, si tu es assez fort pour l'être et si le voisin n'est pas assez fort pour que tu ne le sois pas ; » c'est la liberté dans le désert, et je ne sais ce qui me retient de répéter ici le mot célèbre : « la liberté désolée de l'âne sauvage. »

En brisant la corporation, on a désorganisé économiquement la société ; en ne donnant au travail libéré ni fin ni frein que la liberté même, on ne l'a pas économiquement réorganisée. Entre la désorganisation et la non-réorganisation, elle demeure donc inorganisée. On a manqué le but en le dépassant ; et la réforme qui était à faire, on ne l'a pas faite, en faisant plus qu'il ne fallait ; elle n'a pas été une réforme, parce qu'elle a été exagérée jusqu'à être une révolution. Ministres de 1776 et Constituants de 1791, ils étaient tous en cela des philosophes bien plus que des politiques ; ils avaient trop d'absolu dans l'esprit ; moins philosophes, plus politiques, moins préoccupés du parfait, et plus occupés du possible, ils eussent corrigé les abus afin de sauver l'organisation, non point ruiné l'organisation afin de corriger les abus ; en quoi ils imitaient un peu « les sauvages de la Louisiane, » blâmés pourtant par l'un de leurs auteurs préférés, qui abattaient l'arbre pour en avoir les fruits. Plus politiques, plus pénétrés du sens du relatif, mieux avertis de l'inévitable imperfection des hommes et des institutions, mieux instruits de la nécessité de soutenir et de consolider l'une par l'autre ces deux faiblesses, mieux assurés que l'individu n'est réellement libre que s'il est suffisamment protégé, et que sa débilité a besoin comme d'une superposition d'enveloppes sociales, ils n'eussent pas désorganisé, mais réorganisé ; ou du moins ne l'eussent fait que pour réorganiser ; ou du moins ne l'eussent pas fait sans réorganiser ; et, par exemple, ayant désorganisé le travail, ils ne l'eussent pas laissé ensuite complètement inorganisé.

Tel cependant ils le laissèrent, et tel il resta longtemps après eux. Dans les dix années qui s'écoulent de 1792 à 1802, et qui sont les années proprement révolutionnaires, on légifère assez abondamment par lois ou par décrets sur les *maladies* et la *médecine du travail*, sur les secours à accorder aux enfants, aux vieillards et aux indigents, sur les ateliers nationaux, les hôpitaux et les hospices [7]. On légifère même, et malheureusement, par les décrets

III. LES LOIS

établissant le maximum du prix des denrées et objets de grande consommation, sur les *circonstances du travail* [8]. Mais du *travail en soi*, du travail à l'état de santé et des conditions normales du travail, presque rien. Rien, avant la loi du 22 germinal an XI, concernant les manufactures, fabriques et ateliers ; et l'on peut dire de cette loi, qui traite en l'un de ses titres du louage de services, en un autre de l'apprentissage, qu'elle se rattache, par son esprit et par sa lettre même, à l'ancienne législation plutôt qu'à la législation moderne du travail : quoiqu'elle s'inspire, en apparence, du principe nouveau de l'égalité de droit, si elle n'est pas ouvertement comme autrefois au bénéfice du patron, elle n'est pas encore, et il s'en faut bien davantage, au bénéfice de l'ouvrier [9].

Presque rien dans le Code civil, qui semble avoir à peu près oublié ou à peu près ignoré l'ouvrier ; et l'on en trouvera toute espèce de motifs, et on l'expliquera par toute sorte de raisons, et nous en connaissons plusieurs [10] : mais il n'y a ni motifs ni raisons ni explications qui puissent faire qu'il ne nous paraisse pas quand même très étonnant, à nous qui avons vu se développer le XIXe siècle après l'an XII, après 1804, que, dans cette règle de vie de la société nouvelle, et dans ce monument de la législation moderne, il n'y ait autant dire pas un mot du travail et pas une place pour le travail.

En revanche, dans le Code pénal de 1810, il y a l'article 291, qui n'est pas spécial aux associations ouvrières, mais qui les atteint comme les autres, et qui est une survivance de l'ancienne législation, de l'ancienne défiance parlementaire et révolutionnaire envers toute association ; il y a les articles 414, 415 et 416, contre toute coalition. Puis, comme si le Code pénal n'était pas assez sévère, on le renforce, sans doute sous la pression de circonstances telles que les émeutes lyonnaises de 1832, par la loi du 10 avril 1834.

On s'obstine donc et l'on s'applique donc à maintenir à l'état inorganique le travail désorganisé depuis un demi-siècle. Mais de lui-même déjà, comme par un effort interne, et comme par cette force plus forte que la force des lois même renforcées d'autres lois, par la force des choses, il tend à se réorganiser. C'est ainsi que la force des choses, introduisant le groupement nécessaire des ouvriers dans le fait, tend à réintroduire, d'abord malgré la loi, l'association dans la loi. C'est ainsi encore que la force des choses oblige dès 1806 à instituer, en ce pays qui vient d'être replacé sous l'égalité de droit et l'unité de juridiction, une juridiction particulière du travail, les conseils des prud'hommes, dont la compétence s'étend et dont les attributions se compliquent avec l'extension et la complication croissantes de l'industrie [11]. En attendant, deux ou trois décrets, relatifs aux bureaux de bienfaisance, aux enfants trouvés ou abandonnés, ou aux orphelins pauvres, et qui, par conséquent, visent à organiser l'assistance et non le travail [12] ; quelques dispositions sur les monts-de-piété et les bureaux de placement [13] ; quelques mesures de police réglant l'exploitation des mines [14], quelques ordonnances sur les fabriques de poudre, d'allumettes, de fulminate de mercure [15] ; une loi sur le travail des enfants employés dans les manufactures, usines ou ateliers, qui fixait à *huit ans* l'âge où les enfants pourraient être admis, et qui passait alors pour être une loi de protection [16] ; à travers tout, de nombreux actes concernant la Caisse des invalides de la marine [17] ; par-dessus tout, les lois et ordonnances sur les caisses d'épargne [18] ; et nous sommes en 1848 ; et c'est toute la législation sociale de la France, dont il semble que le caractère essentiel soit celui-ci : au travail, la liberté suffit ; tout le monde est également libre ; l'ouvrier n'a pas besoin d'autres droits que les droits de l'homme ; et la misère, puisque aussi bien il y en aura toujours, est matière de législation sociale ; le travail ne l'est pas, sauf précisément sur les points par lesquels il touche et en quelque façon se marie à la misère.

Mais voici le 24 février 1848 ; tout de suite le sens profond de cette révolution en apparence assez dépourvue de sens, — car enfin un peuple ne fait pas une révolution pour l'adjonction de 16 000 capacitaires, qui ne sont pas lui, — son sens profond et puissant se révèle. De ce moment, de la fin du mois de février à la fin du mois de novembre 1848, il ne se passe pour ainsi dire point de jour, en tout cas point de semaine, sans qu'il soit légiféré sur le travail ; et, cette fois, c'est bien sur le travail lui-même, sur le *travail en soi*. Si, par le *travail en soi*, il faut entendre : la situation économique et commerciale des différentes branches du travail ; l'état ou la quantité du travail dans les différentes professions ; la situation des ouvriers et apprentis comme salaire et mode de rémunération, durée du travail et temps de repos, conditions d'admission et de résiliation, en un mot contrat de travail [19] ; il n'est pour ainsi dire pas un de ces sujets, en tout cas il n'en est guère sur lesquels il ne soit directement et immédiatement légiféré.

Le décret sur « le droit au travail » paraît au *Moniteur* le 29 février, mais il a été rédigé à l'Hôtel de Ville le 25 dans la matinée. En ce décret, « le gouvernement provisoire de la République française s'engage à garantir l'existence de l'ouvrier par le travail ; il s'engage à garantir du travail à tous les citoyens ; il reconnaît que les ouvriers doivent s'associer entre eux pour jouir du bénéfice de leur travail. » C'est-à-dire que, dans les six lignes de ces trois paragraphes, on s'engage à légiférer sur la quantité du travail, sur le taux et le mode de rémunération, sur le mode même du travail. C'est-à-dire qu'on y fait tenir non seulement la reconnaissance du droit au travail, mais la promesse de l'organisation du travail et le principe de l'association ouvrière. Pour un commencement de législation positive du travail, c'en est un assez beau et hardi commencement ! Mais, à ce même décret du 26 février, il y a un quatrième paragraphe : « Le gouvernement provisoire rend aux ouvriers, auxquels il appartient, le million qui va échoir de la liste civile [20]. » Et c'est-à-dire que les bénéficiaires de l'État sont changés ; ce million, qui est retiré au roi, ce n'est pas à tous les Français, aux contribuables, qu'on le rend, mais aux ouvriers, et l'on affirme qu'il leur appartient, mais qu'est-ce qui ne leur appartient pas ? Ils ont la science, la sagesse, la raison. « Ecoutez-les ; ils en savent plus que vous ! » disent les uns [21]. — « Vous qui en savez plus que nous [22], » surenchérissent les autres. Pourquoi ? parce qu'ils sont le Nombre. Et c'est-à-dire que non seulement la loi sera désormais faite pour eux, mais faite par eux. Non seulement le Travail, en vingt-quatre heures, est devenu *législatif*, s'il est permis d'exprimer par là qu'il est à présent matière de législation, ce qu'il n'avait pas encore été, mais il est devenu *législateur*.

Il l'est devenu non seulement au second degré, par délégation, en vertu du suffrage universel et au moyen du bulletin de vote ; non seulement il est représenté dans l'Assemblée par les ouvriers Agricol Perdiguier, Corbon, Pelletier (de Lyon), Marins André (du Var), etc., et au gouvernement par Albert « l'ouvrier, » en la personne de qui le mot prend une ampleur et une valeur de symbole, au point d'être bientôt auprès des électeurs une recommandation sans rivale,

Charles Benoist

et comme le passe-partout du parfait candidat : « Fils d'ouvrier, ouvrier moi-même… » Le 1ᵉʳ mars est instituée, au Luxembourg, la *Commission de gouvernement pour les travailleurs*, dont Louis Blanc est le président, et Albert le vice-président. Or, le décret qui les nomme ne dit pas : « M. Louis Blanc, publiciste, » mais il dit : « M. Albert, *ouvrier* ; » et il ne dit pas : « Des économistes, des industriels, des commerçants…, » mais il dit : « Des *ouvriers* seront appelés à faire partie de la Commission. » Ses « considérants » sont d'ailleurs très nets, et le sens profond de la Révolution de 1848 s'en dégage plus franchement encore : « Considérant que la révolution faite par le peuple doit être faite pour lui ; qu'il est temps de mettre un terme aux longues et iniques souffrances des travailleurs ; que la question du travail est d'une importance suprême ; qu'il n'en est pas de plus haute, de plus digne des préoccupations d'un gouvernement républicain ; qu'il appartient surtout à la France d'étudier ardemment et de résoudre un problème posé aujourd'hui chez toutes les mil ions industrielles de l'Europe ; qu'il faut aviser sans le moindre retard à garantir au peuple les fruits légitimes de son travail [23]… »

Tout pour le peuple, par le peuple et au peuple ; et le peuple a été autre chose en 1789, mais, en 1848, le peuple, c'est les ouvriers ; eux seuls, rien qu'eux. A peine installés au Luxembourg, Louis Blanc et Albert adressèrent « aux ouvriers, » aux « citoyens travailleurs, » une proclamation dans laquelle, après le grand serment du début, ils exposaient brièvement que « toutes les questions qui touchent à l'organisation du travail sont complexes de leur nature ; » qu' « elles veulent être abordées avec calme et approfondies avec maturité [24] ; » par laquelle, en somme, ils demandaient un peu de crédit à ce peuple qui avait ouvert à la République un crédit de trois mois de misère ; car ils n'ignoraient pas que, « dans le long et douloureux acheminement de l'humanité vers le règne de la justice, il est de nécessaires étapes [25]. » La première séance de la Commission eut lieu dès le jour même, 1ᵉʳ mars. Deux cents ouvriers environ y assistaient, « sur les sièges que naguère encore occupaient les pairs de France [26]. » L'un d'entre eux, se levant, réclama, au nom de ses camarades, la réduction des heures de travail et l'abolition du marchandage. Louis Blanc répondit qu'avant tout, « il y avait à organiser la représentation de la classe ouvrière au Luxembourg, » et proposa « que chaque corporation désignât trois délégués, » dont l'un prendrait part aux travaux journaliers de la Commission de gouvernement pour les travailleurs, et dont les deux autres pourraient, dans les assemblées générales, discuter les rapports présentés par elle. Ce qu'il fallait faire d'abord, c'était forger l'outil, et l'outil, ce serait, — il mettait le nom sur la chose, — le Parlement du travail.

Les ouvriers applaudirent, mais ils insistèrent : avant tout, la réduction de la journée et l'abolition du marchandage. Cependant Louis Blanc, déjà *gouvernementalisé*, et qui déjà pensait à *parlementariser* la révolution, voulait que les patrons fussent préalablement consultés : il fit remettre la décision au lendemain ; et c'est avec le consentement des « représentais les plus connus des principales industries de Paris, » convoqués d'office par l'intermédiaire de « citoyens à cheval, » que fut rendu le décret des 2-4 mars 1848 abolissant en effet le marchandage et réduisant les heures de travail, de onze à dix dans Paris et de douze à onze dans les départements [27]. Le Parlement du travail fut ensuite institué conformément aux indications de Louis Blanc, « chaque corporation étant représentée au Luxembourg par trois délégués tirés de son sein. De cette manière, un levier puissant se trouva aux mains de la Commission de gouvernement pour les travailleurs ; et, au moyen d'une assemblée permanente composée de ses élus, le peuple de Paris fut en état d'agir comme un seul homme [28]. » La semaine d'après, le 10 mars, le Parlement du travail ouvrit sa session, et on lui traça d'un mot son programme : aider la Commission de gouvernement ; au vrai, la pousser en lui faisant sentir la pression « du peuple de Paris » pesant sur elle « comme un seul homme. »

Son but, à nouveau défini et mieux déterminé, serait « d'étudier les questions qui touchent à l'amélioration soit morale, soit matérielle du sort des ouvriers, de formuler les solutions en projets de loi, et de les soumettre, avec approbation du Gouvernement provisoire, aux délibérations de l'Assemblée nationale… » Et l'on n'en était encore qu'aux phrases : « C'est de l'abolition de l'esclavage en effet, qu'il s'agira ; esclavage de la pauvreté, de l'ignorance, du mal ; esclavage du travailleur qui n'a pas d'asile pour son vieux père ; de la fille du peuple qui, à seize ans, s'abandonne pour vivre ; de l'enfant du peuple qu'on ensevelit, à dix ou douze ans, dans une filature empestée [29]. » Mais, la mécanique une fois montée et l'engrenage une fois endenté, — Parlement du travail, Commission de gouvernement pour les travailleurs, Gouvernement provisoire, Assemblée nationale, — on entend bien passer aux actes.

Les actes devaient être : la fondation de sociétés et de colonies agricoles coopératives, la création d'institutions de crédit, la centralisation des assurances, la formation d'entrepôts et de magasins généraux pour le commerce en gros, de bazars pour le petit commerce, l'établissement d'une banque d'Etat [30], la construction, « dans chacun des quartiers les plus populeux de Paris, » d'une sorte de familistère modèle « assez considérable pour loger environ quatre cents familles d'ouvriers, dont chacune aurait eu son appartement séparé, et auxquelles le système de la consommation sur une grande échelle aurait assuré, en matière de nourriture, de loyer, de chauffage, d'éclairage, le bénéfice des économies qui résultent de l'association [31]. »

Les actes furent, outre ceux plus haut rapportés : 8 mars, un décret « établissant des bureaux de l'enseignements pour faciliter les rapports entre les personnes qui cherchent du travail et celles qui demandent des travailleurs ; 21 mars, un arrêté « relatif à la répression de l'exploitation de l'ouvrier par voie de marchandage ; » 3 avril, 22 mai et 20 juin, trois décrets allouant des crédits ou des subventions aux ateliers nationaux ; 30 mai, un décret substituant le travail à la tâche au travail à la journée ; 5 juillet, un décret relatif aux associations ouvrières de production [32] ; 9 septembre, enfin, le décret-loi relatif aux heures de travail dans les manufactures et usines ; — je passe quelques décrets ou lois sur les conseils de prud'hommes et les caisses d'épargne, qui sont, ainsi qu'on l'a vu, depuis les premières années du XIXe siècle, comme les matières classiques de la législation sociale [33].

Si tout ce qui devait être ne fut pas, loin de là, et si, au bout du compte, 1848 fit positivement assez peu, c'est d'abord que la mécanique demeura incomplète et que Louis Blanc ne put obtenir qu'on instituât et qu'on lui donnât un ministère du Travail et du Progrès, « avec mission spéciale de préparer la révolution sociale, et d'amener graduellement, pacifiquement, sans secousse, l'abolition du prolétariat [34] ; » et c'est qu'ainsi, président d'une simple commission, et n'ayant ni autorité directe ni ressources propres, il se vit condamné, au lieu d'appliquer ses idées, à ne présenter que des propositions : au lieu d'être, comme il l'avait rêvé, l'organisateur du travail, il dut se contenter d'être l'arbitre de certains différends entre patrons et ouvriers [35] ; au lieu de fonder en bloc un système social nouveau, « la commune industrielle, » par l'association et la coopération [36], il dut se contenter de fonder en détail, dans le système social en vigueur, des associations coopératives, dont la plupart d'ailleurs devaient réussir pis que médiocrement, et borner à une série de petites expériences privées la grande expérience nationale qu'il voulait tenter avec l'aide et sous le contrôle de l'État [37]. Toutefois, grâce à ces petites expériences, de proche en proche, la coopération se serait répandue et aurait gagné la province ; alors on eût appelé la loi à l'aide, car, dès cet instant, la loi crée.

Si 1848 fit positivement assez peu, c'est ensuite qu'au milieu du chemin, les journées de Juin et les craintes incessantes causées par les ateliers nationaux vinrent couper l'élan et briser le ressort. Non seulement on s'arrêta, mais on réagit. La preuve en est dans la discussion, du reste fort remarquable, que soulevèrent à l'Assemblée nationale le paragraphe VIII du préambule et l'article XIII du texte même de la Constitution ! Ce droit au travail que tout de suite, en février, et comme une préface à son œuvre, ou coin nie une espèce de denier à Dieu, le gouvernement provisoire avait solennellement reconnu, la Constituante, en septembre, se refusait à l'inscrire dans la charte républicaine. Elle biaisait, elle tournait autour, elle prenait des périphrases : elle transposait le droit de l'individu en un devoir de l'État, et en le circonscrivant au plus près qu'elle pouvait, en le rétrécissant peu à peu jusqu'à ne laisser subsister guère qu'un devoir d'assistance, une charité sociale.

La première rédaction portait : « Le droit au travail est celui qu'a tout homme de vivre en travaillant. La société doit, par les moyens productifs et généraux dont elle dispose et qui seront organisés ultérieurement, fournir du travail aux hommes valides qui ne peuvent s'en procurer autrement [38]. » La deuxième corrigea : « La République… doit la subsistance aux citoyens nécessiteux, soit en leur procurant du travail dans les limites de ses ressources, soit en donnant, à défaut de la famille, les moyens d'exister à ceux qui sont hors d'état de travailler [39]. » La formule adoptée fut : « Elle doit (la République), par une assistance fraternelle, assurer l'existence des citoyens nécessiteux, soit en leur procurant du travail dans les limites de ses ressources, soit en donnant, à défaut de la famille, des secours à ceux qui sont hors d'état de travailler [40]. » A quoi l'article 13 ajoutait : « La Constitution garantit aux citoyens la liberté du travail et de l'industrie. La société favorise et encourage le développement du travail par l'enseignement primaire gratuit, l'éducation professionnelle, l'égalité de rapports entre le patron et l'ouvrier, etc. [41]. »

Tout ce débat, qui fut grave et passionné, n'est au vrai que la querelle de deux idées ou de deux doctrines : de la *liberté* nécessaire et suffisante, de la liberté sans conditions, absolue et abstraite, contre la *liberté* sous conditions, relative, réelle, précaire et contingente ; de l'*égalité de droit* contre l'*inégalité de fait*. « Tu es libre ! s'écrie M. Thiers, en qui s'incarne l'une de ces écoles, travaille [42] ! » Mais, du dehors, Louis Blanc, et, dans l'Assemblée, ses amis répondent : « Sont-ils libres, ceux qui... ceux qui ?... — Travaille ! — Mais nous n'avons ni un champ pour labourer ; ni du bois pour construire ; ni du fer pour forger ; ni de la laine, de la soie, du coton, pour en faire des étoiles [43]. » Ni libres donc, ni égaux, pour le travail et dans le travail. — C'est cette antinomie qui ressort, et ce sont plusieurs antinomies pareilles, éternelles ou nouvelles, de toujours ou d'un jour, dont la dernière est que le peuple soit à la fois « misérable et législateur. » Peu importe, après cela, ce que 1848 a fait ou n'a pas fait ; qu'il ait fait un peu plus ou fait un peu moins ; il a fait « législateur » le peuple « misérable ; » rien ne peut faire désormais que cette dernière et plus forte antinomie, en laquelle on se flatte de trouver la solution ou la conciliation de toutes les autres, ne produise pas dans les lois toutes ses conséquences.

II

Durant la deuxième moitié du siècle, elle les a produites, et elle continue de les produire, quel que fût alors et quel que soit maintenant le gouvernement ou le régime. C'est que les régimes ou les gouvernements ne sont, à cet égard, que des formes, je dirais presque des apparences : l'empire a succédé à la république, et une autre république à l'empire ; et, dans les formes ou les apparences, on a pu croire que c'étaient deux régimes très divers et même opposés ; mais, dans le fond et quant aux réalités de la vie sociale, république ou empire, empire ou république étaient assez indifférents. Au fond et en réalité, depuis 1848, la France vit, à travers la république et l'empire, à travers l'empire et la république, sous le régime économique de la grande industrie et le régime politique du suffrage universel, dont la conjonction et la combinaison dominent et dirigent comme par une sorte de fatalité sa législation sociale. Au fond et en réalité, depuis 1848, nous avons en tantôt la république, et tantôt l'empire, mais toujours la grande industrie et le suffrage ; universel, avec la législation sociale, non de la république ou de l'empire, mais de la grande industrie et du suffrage universel. Quand on dit de Napoléon III qu'il a « voulu faire du césarisme ouvrier, » on s'exprime inexactement, ou du moins imparfaitement ; il l'a peut-être *voulu* aussi ; mais il n'était pas autant qu'il le paraissait le maître de le vouloir ou de ne le vouloir pas, et ne l'eût-il pas voulu, que tout de même il y eût été porté et poussé ; par quoi ? par cette force des choses qui eût également porté et poussé tout autre à sa place, et tout autre gouvernement comme le gouvernement impérial, qui porte et qui pousse la république comme l'empire, et qui est la résultante de ces deux forces : la grande industrie et le suffrage universel, lesquelles, derrière les apparences de régimes qui passent, ont fait à ce pays un fond de régime permanent dont la stabilité, la continuité et la progressivité, lorsqu'on y regarde bien, apparaissent dans les lois.

Avant 1848, on s'en souvient, la législation s'était bornée à ce que nous appellerons, en nous excusant dès à présent de ce qu'il y a de métaphorique dans l'expression, l'*hygiène* ou *la médecine du travail*. En 1848, on vient de le voir, elle s'occupa surtout de ce que nous appelons *le travail en soi*, et de généralités plus ou moins philosophiques, telles que « le droit au travail. » Après 1818, elle embrassa tout ensemble et ce premier titre : *le travail en soi*, et ce dernier : la *thérapeutique du travail*, avec les deux titres intermédiaires : *les circonstances du travail* et *les maladies du travail*. Pour les *circonstances du travail*, — coût de la vie, prix au détail des objets et denrées de grande consommation, — depuis qu'on a renoncé aux essais de *maximum*, la loi ne peut intervenir, et elle n'est intervenue que très indirectement : la législation n'a agi sur ce point que dans la mesure où les impôts, et, par exemple, les octrois et les douanes, affectent les ressources, les dépenses, et conséquemment modifient les conditions d'être de la classe ouvrière ; ou bien en tant que l'institution de coopératives, d'habitations ouvrières, etc., a reçu d'elle, — de la législation, — plus ou moins de facilités et d'encouragements. Encore cela même rentre-t-il dans la quatrième catégorie ? , et cela même est-il de l'*hygiène* ou de la *médecine du travail*. Quant au troisième chapitre, les *maladies du travail*, — chômage, grèves, conflits, accidents, morbidité, alcoolisme, dégénérescence, criminalité, il est clair que là-dessus la législation doit être infiniment rare, et si rare qu'elle est presque nulle ; car, bien qu'il puisse y avoir et que par malheur il y ait en effet des lois mal faites, de portée mal prévue, d'incidence mal calculée, qui occasionnent, engendrent ou exaspèrent quelque *maladie du travail*, toutefois elles n'ont pas été faites dans cette intention, mais le plus souvent, pour ne pas dire toujours, elles l'ont été dans l'intention contraire : elles ont aggravé, mais elles voulaient prévenir ou guérir ; c'était donc, là aussi, de l'*hygiène* ou de la *médecine du travail* ; et donc, la législation du travail s'appliquera successivement à tous les sujets, à tous les objets, mais, en somme, elle a deux objets, deux sujets principaux : c'est le *travail en soi*, à l'état normal, et la *thérapeutique du travail*, troublé par certains désordres, qui lui fournissent sa matière la plus abondante.

Pendant deux ou trois ans, le mouvement commencé par la révolution de Février se prolonge : de préférence on légifère sur *le travail en soi*, tantôt en développement de la législation de 1848 et tantôt en réaction contre elle ; tantôt dans le même sens et tantôt dans un autre sens ; mais, pour ou contre, on y a intéressé le législateur, on ne l'en désintéresse plus, et de moins en moins on se résigne à croire qu'il n'ait en ce domaine ni rien à dire, ni rien à faire. Ainsi de la loi du 7 mars 1850 sur les moyens de constater les conventions entre patrons et ouvriers en fait de tissage et de bobinage ; de celle du 22 février 1851 relative aux contrats d'apprentissage ; de celle des 25 avril, 8 et 14 mai suivants, en ce qui concerne les avances de salaire et les livrets ; ainsi du décret du 17 mai 1851 apportant des exceptions à la loi du 9 septembre 1848 sur la durée du travail dans les manufactures et usines.

Tout cela, c'est de la législation sur *le travail en soi*. Cependant on légifère, en même temps, sur ou contre les *maladies du travail* : on fait, on essaye de faire de la thérapeutique sociale. Je ne veux citer qu'en passant les mesures qui concernent l'assistance publique, mesures qui s'imposent plus que jamais au lendemain de la liquidation des ateliers nationaux (loi du 10 février 1849), et dans l'enchaînement et le développement desquelles les décrets viennent doubler les lois, et les arrêtés, les décrets. Mais voici, dès le 13 avril 1850, une loi relative à l'assainissement des logements insalubres ; et, coup sur coup, la loi qui crée, sous la garantie de l'État, une caisse de retraites ou rentes, viagères pour la vieillesse (18 juin) ; une loi sur les sociétés de secours mutuels (15 juillet) ; une loi, puis encore une loi sur les caisses d'épargne (29 août 1850 et 30 juin 1851). Depuis lors, caisses de retraites, et surtout caisses d'épargne et sociétés de secours mutuels vont se partager la sollicitude chaque jour plus empressée des pouvoirs publics.

Aux sociétés de secours mutuels, le décret du 22 janvier 1852 alloue, « sur les biens de la famille royale déchue, » une dotation de dix millions, — don de joyeux avènement du second Empereur ; déjà, ces sociétés pouvaient, sur leur demande, être déclarées établissements d'utilité publique [44] ; deux mois après, le 20 mars, un décret-loi organique pose en principe qu'une société de secours mutuels sera créée dans chaque commune ou union de communes au-dessous de mille habitants, par les soins du maire et du curé, sur l'avis du conseil municipal, sous l'autorisation du préfet et la direction d'un président nommé par le Président de la République. Et l'on voit sans doute poindre en cette disposition la préoccupation politique de rassembler et de tenir en une seule main tout ce qui peut être dans le pays ordre, organisation, vie et force ; mais une autre préoccupation n'y est pas moins, qu'on pourrait qualifier de *sociale*, et qui s'affirme plus hautement encore ailleurs, — voyez l'article 13 de la loi du 18 juin 1850, fondant la caisse nationale des retraites pour la vieillesse [45], — celle de ne pas diviser les forces sociales, de ne pas les opposer les unes aux autres ni les jeter les unes sur les autres, mais au contraire de les grouper et de les faire concourir toutes à la recherche des solutions du problème social et des remèdes ou des adoucissements au mal social. Ensuite, les sociétés de secours mutuels étendent leur action

Charles Benoist

et s'affranchissent : on les engage et on les aide par une subvention à constituer, de leur côté, sans préjudice de la caisse nationale, et d'accord avec elle, un fonds de retraites spécial à leurs membres ; on fixe à cinq ans la durée des fonctions de leurs présidents ; et ces présidents, on leur permet enfin de les élire elles-mêmes ; ainsi que les sociétés de bienfaisance, on les exempte de la taxe qui frappe les autres sociétés, cercles ou lieux de réunion : on règle et on combine leur jeu avec celui des deux caisses d'assurances en cas de décès et en cas d'accidents, auprès desquelles on s'efforce de leur permettre de contracter des assurances collectives ; quand elles ont foisonné et couvrent le territoire de la métropole, on les transplante au-delà des mers et, sous les espèces de sociétés indigènes de prévoyance, de secours et de prêts mutuels des communes d'Algérie, on s'efforce d'inaugurer comme une colonisation de la mutualité [46]. De 1852, date du premier décret-loi organique, à 1898, date de la loi qui la réorganise, la mutualité ne cesse de croître et de multiplier : elle s'épanouit, elle essaime, elle triomphe ; et, comme elle a justifié les plus grandes espérances, volontiers on place en elle des espérances intimes ; parce qu'elle a beaucoup fait, on est parfois un peu enclin, et peut-être un peu trop, à lui demander de tout faire.

Aux caisses d'épargne, on ne peut demander que de susciter et de faciliter l'épargne, en la rendant commode, sûre et fructueuse, en la plaçant pour ainsi dire à la portée de tout le monde, et pour ainsi dire en allant l'offrir partout à domicile. L'esprit d'épargne étant d'ailleurs comme une parcelle constitutive du caractère français, l'épargne étant chez nous comme « psychologique » ou psychologiquement donnée, les caisses d'épargne sont une des institutions dont s'occupe en premier lieu notre législation sociale. Mais, avant même toute législation sociale, elles étaient apparues sous forme quasiment de produit spontané : vers la fin du XVIIIe siècle, on avait vu surgir du sol le *Bureau d'économie*, la *Chambre d'accumulation des capitaux et intérêts composés*, la célèbre *Tontine Lafarge*, qui justement avait pris le titre de *Caisse d'épargne*. La première caisse d'épargne véritable, la *Caisse d'épargne de Paris*, fut reconnue, et ses statuts homologués par ordonnance royale du 29 juillet 1818. C'était, aux termes de ces statuts, une société anonyme, établie avec l'autorisation du gouvernement sous la dénomination de *Caisse d'épargne et de prévoyance*, à l'effet « de recevoir en dépôt les petites sommes qui lui seront confiées par les cultivateurs, ouvriers, artisans, domestiques, et autres personnes industrieuses. » Chaque dépôt devait être « d'un franc au moins et sans fraction de franc. » La *Compagnie royale d'assurances*, par le moyen de vingt de ses actionnaires fondateurs, « dotait » la *Caisse d'épargne et de prévoyance* d'une somme de 1 000 francs de rente, 5 pour 100, destinée à « former le premier fonds de la caisse, » et la logeait en outre dans un coin de ses locaux : humble origine d'une grande fortune. Entre 1818 et 1835, la *Caisse d'épargne de Paris* a sans doute provoqué des imitations en province, car la loi du 5 juin 1835 parle « des caisses d'épargne autorisées, » et les livrets y sont assez nombreux pour qu'elles soient admises à verser leurs fonds en compte-courant à la *Caisse des dépôts et consignations*, caisse que, deux ans plus tard, en 1837, une autre loi chargea obligatoirement de recevoir ces fonds et de les administrer à l'avenir [47].

Puis, une loi de 1845 [48] nous conduit jusqu'en 1848. Période révolutionnaire, où il est à plusieurs reprises question des caisses d'épargne, mais surtout, — et Ton ne saurait s'en étonner, — à cause de l'affluence des demandes de remboursement, de l'excédent des « retraits » sur les versements [49]. L'épargne, inquiète on effrayée, s'enfuit du Trésor public et des caisses reliées au Trésor : elle s'abaisse en même temps que la confiance, rentre sous terre, et s'enfouit. Il faut avouer que cette épouvante n'est point du tout injustifiée. Elle est l'effet non seulement des perturbations de la rue, mais des préventions connues et étalées de quelques-uns de ceux qui détiennent alors le pouvoir, de leurs déclamations contre « l'immoralité » de la caisse d'épargne. A les entendre, la caisse d'épargne ne serait alimentée qu'en partie par les bénéfices du travail honnête. « Receleuse aveugle et autorisée d'une foule de profits illégitimes, elle accueille, après les avoir à son insu encourages, tous ceux qui se présentent, depuis le domestique qui a vidé son maître, jusqu'à la courtisane qui a vendu sa beauté. » Au surplus, si l'ouvrier, par « le travail honnête, » gagne à peine de quoi vivre, comment gagnerait-il de quoi épargner [50] ? Et ce raisonnement vaut ce qu'il vaut, et ces sentiments sont ce qu'ils sont, mais ils ne peuvent être ignorés, et ils ne sont pas rassurants.

C'est à rassurer l'épargne effarouchée que s'appliquent, en n'y réussissant qu'assez lentement, les lois, décrets et arrêtés accumulés dans la dernière moitié de 1848 et dans les cinq années de 1849 à 1853 [51]. Peu à peu, pourtant, l'épargne reprend son niveau, et le garde jusqu'aux catastrophes de 1870, où, d'autres causes produisant des effets semblables, le gouvernement de la Défense nationale se voit contraint de rendre un décret qui rappelle ceux du gouvernement provisoire, et que, du reste, on se hâte d'abroger dès qu'on le peut [52]. A nouveau, l'esprit français retrouve sa pente : le niveau se rétablit, pour monter ensuite si rapidement, que l'épargne, comme la mutualité, croissant et multipliant, on doit multiplier aussi les prises, les récepteurs, l'outillage de l'épargne. Il y aura donc, par surcroît, une Caisse d'épargne postale [53], ou plutôt des caisses d'épargne postales ; tous les bureaux de poste seront ses succursales dans les départements ; et, de plus, la caisse nationale d'épargne aura des succursales à l'étranger, sur terre et sur mer, en quelque sorte : elle aura des succursales navales [54], afin qu'il ne se perde pas un grain, pas une goutte de l'épargne française.

Tout est ainsi recueilli, condensé, concentré ; quelques-uns disent : trop condensé, trop concentré, et ils manifestent des craintes ; s'il survenait une crise violente, un de ces événement à la merci desquels nous sommes toujours ? Mais, comme le pire danger serait que ces craintes dussent, en attendant la crise, provoquer la panique, la loi du 3 février 1893 interdit et réprime « les manœuvres contre les caisses d'épargne. » Et, de même encore que la mutualité a été réorganisée par la loi de 1898, de même l'épargne l'a été par la loi du 20 juillet 1895 et la série de décrets qui s'y rattachent [55], série dont on peut dire qu'elle ne sera jamais close, car c'est surtout en ces choses de la vie sociale saisie dans ses fonctions intimes et son mouvement quotidien que la législation doit suivre la vie et se régler perpétuellement sur elle.

Pour les caisses de retraites, le principe est, — ou du moins il a longtemps été, — que ce sont des institutions « particulières. » Longtemps elles n'ont été soumises à aucune législation qui leur fût propre : constituées en sociétés de secours mutuels, elles étaient régies par la loi sur les sociétés de secours mutuels ; constituées autrement, elles se régissaient selon le droit commun et d'après leurs statuts. Cependant, depuis longtemps aussi, un autre principe était reconnu : le secours est dû, notamment en cas d'accident, aux ouvriers de certaines industries ; et, depuis longtemps même, il était inscrit dans les actes concernant ces industries. Ainsi des mines, depuis le décret du 3 janvier 1813 [56], et de la marine marchande, en vertu des articles 262 et 263 du Code de commerce [57]. D'autre part, les caisses de retraites des mines et des chemins de fer n'ont pas tardé à être réglementées par des lois, et les caisses *particulières* d'établissements ou administrations relevant de l'État, par des décrets, des arrêtés ministériels. C'est à partir de 1890 que la législation sur ce point devient active et s'élargit progressivement, s'amplifie jusqu'aux vastes projets aujourd'hui pendants devant le parlement et devant l'opinion [58]. La loi du 20 juillet 1886 avait refondu et revivifié la loi de 1890 créant sous la garantie de l'État une Caisse nationale de retraites ou rentes viagères pour la vieillesse ; au cours des dix années suivantes, des mesures nouvelles la complètent, règlent ses rapports avec telle ou telle caisse particulière, comme celle des mineurs, et donnent aux ouvriers le moyen de contracter une espèce d'assurance contre la vieillesse [59]. De même pour la loi de 1868 qui créait, également sous la garantie de l'État, deux caisses d'assurances, l'une en cas de décès et l'autre en cas d'accidents résultant de travaux industriels ou agricoles ; de 1890 à 1897, on la révise et on l'achève [60] caisse nationale ou caisses particulières, elles ont toutes d'ailleurs une aïeule vénérable en la Caisse des invalides de la marine, qui, du mois d'août 1681 au mois d'avril 1898, a une histoire législative de plus de deux siècles, la plus longue à la fois et la plus remplie [61].

Ce qu'on a fait pour ces deux ou trois points de notre législation sociale, pour ces deux ou trois chapitres du titre *Thérapeutique du travail*, on pourrait aussi bien le faire pour tous les autres titres, tous les autres chapitres et tous les autres points. On le ferait, toujours au titre quatrième, pour les dispositions qui regardent l'hygiène et la sécurité des travailleurs, soit dans l'industrie en général, soit dans certains genres d'industrie plus particulièrement dangereux, mines, minières, carrières, salines, ou dans les chemins de fer, ou dans les usines qui emploient des appareils à vapeur, ou dans les fabriques d'explosifs, de dynamite, d'allumettes, etc., établissements dangereux, eux aussi, ou simplement insalubres. Comme pour ces établissements mêmes, on pourrait le faire pour les logements malsains, pour les accidents du travail comme pour les différends, les contestations ou les conflits nés du travail, et l'analyse chronologique de toute cette législation ne serait pas moins instructive ni moins concluante que celle de la législation sur les caisses de retraites, les caisses d'épargne et les sociétés de secours mutuels. Elle établirait en fin de compte que sur chacun de ces chapitres on a commencé à légiférer plus ou moins tôt : sur les mines, dès 1810 et 1813 ; sur les explosifs, dès 1823 ; sur les logements insalubres, en 1850 ; sur les appareils à vapeur, en 1856 ; et que, sur les accidents du travail, il n'y avait jusqu'à une date récente rien que les règles générales de responsabilité édictées par le Code civil : « Tout fait quelconque de l'homme qui cause à autrui un dommage... » (art. 1382), et par le Code pénal (art. 319) : « Quiconque, par maladresse, imprudence, inattention, négligence... etc. ; » mais que, sur tous ces chapitres pourtant, c'est après 1880, et aux environs de 1890, vers 1892 et 1893, que l'activité législative s'est déployée très résolument.

Il en serait de même pour le titre premier, *le Travail en soi*, aux chapitres de l'apprentissage proprement dit et de l'enseignement professionnel à ses divers degrés ou sous ses diverses formes : écoles manuelles d'apprentissage, écoles pratiques de commerce et d'industrie, écoles nationales d'arts et métiers ; aux chapitres aussi de la recherche du travail par les bureaux de placement et les bourses du travail, de la protection du travail national et de l'admission des associations ouvrières aux adjudications de l'État, de la limitation du temps de travail et de la surveillance du travail des enfants et des femmes, soit dans les professions ambulantes, soit dans les manufactures, usines et ateliers, puis de la garantie et de « l'insaisissabilité » des salaires. De même encore pour le titre deuxième : *Circonstances du travail*, aux chapitres des habitations à bon marché, et des coopératives de consommation.

L'œuvre législative se dessine ou s'ébauche plus ou moins tôt, mais, là comme ailleurs, c'est après 1880 et autour de 1890 que l'effort est sensible et visible ; 1892, 1893, 1894 et les années suivantes sont les grandes années de la législation sociale en France. En cinquante ans, de 1849 à 1898 inclusivement, j'ai compté environ 170 textes importants : lois, décrets ou arrêtés, sur lesquels 1850 et 1831 en fournissent chacun 6 ou 7 ; mais 1890 en donne 8 ; 1893, 10 ; 1894, 12 ; 1895, une vingtaine. Entre ces cinquante années, il n'y a sans doute point de surprise à constater que celles où la législation sociale est la moins féconde sont naturellement celles où la lutte politique est la plus vive : un ou deux textes en 1877, rien en 1878 (année d'Exposition), un ou deux en 1879, quelques-uns en 1880 : les Chambres sont occupées autre part ; et l'on pourrait faire là-dessus bien des réflexions, si c'en était ici le lieu. En revanche, tous les trois ou quatre ans, vers les fins de législature, quand la réélection est proche, il y a une forte année. Dans l'ensemble, et le fort portant le faible, nous sommes arrivés à posséder une législation sociale très touffue et très ramifiée, où il n'est pas toujours facile de se retrouver et dont la richesse même nuit quelquefois à l'ordre, mais en l'enchevêtrement de laquelle quelques lois pourtant font saillie et marquent la charpente : la loi de 1864 sur les coalitions, la loi de 1884 sur les syndicats professionnels, la loi de 1892 sur le travail des enfants, des filles mineures et des femmes dans les établissements industriels, la loi sur l'assurance obligatoire, et, si elle est votée, — quelque chose, sûrement, sera voté, — la loi sur les retraites ouvrières.

Nous en sommes là. Et c'est là à peu près que les autres en sont comme nous. Ainsi, depuis 1848 jusqu'à présent, et, tout en s'étendant, en se précisant davantage d'année en année, tout en se compliquant, en se resserrant davantage par le soin du détail, s'est développée la législation sociale de la France : ainsi s'est opérée par elle, ou du moins a commencé et se poursuit, avec une rapidité et une sûreté de direction de plus en plus grandes, la transformation légale de la société française. Mais, plus ou moins, la même transformation s'opère, suivant la même marche, dans les autres sociétés de l'occident de l'Europe, parce que la même révolution économique a partout amené la même transformation psychologique de l'ouvrier, et la même révolution politique, pas aussi brusquement peut-être, mais aussi certainement, la même transformation juridique de l'État : plus ou moins, mais ce n'est qu'une question de plus ou de moins. A quoi s'ajoutaient toutes sortes de causes de tous genres : la fréquence, la multiplicité, la continuité des communications et des échanges matériels ou intellectuels ; d'inévitables, d'inéluctables solidarités ; l'action révolutionnaire de certains partis et la réaction anti-révolutionnaire des gouvernements contre ces partis ; tout concourait à internationaliser d'année en année davantage le travail, les produits du travail, et les problèmes du travail. Le moment

Charles Benoist

devait donc venir où, en face du travail sous tant de rapports internationalisé, une législation nationale du travail risquerait de ne plus suffire à chaque nation ; où tel ou tel des problèmes posés, et posés en termes impérieux, apparaîtrait insoluble pour chaque nation, et soluble seulement, si tant est qu'il le soit, par une entente en vue de jeter les bases et de tracer les directrices d'une législation internationale du travail, réduite sans doute au minimum, mais qui, reconnaissant le nouvel état social de l'Europe, formerait comme un appendice nécessaire au droit des gens européen.

III

Dans cette intention et pour parer en commun au commun péril ou aux difficultés communes, l'Empereur allemand prit, après la Confédération helvétique qui, la première, en avait émis l'idée, l'initiative de réunir à Berlin une conférence internationale où ces questions seraient étudiées en commun. Ce sont presque les expressions mêmes que nous venons d'employer dont se servait le prince de Bismarck en transmettant aux ambassadeurs le rescrit impérial du 4 février 1890 : « Vu la concurrence internationale sur le marché du monde, disait-il, et vu la communauté des intérêts qui en proviennent, les institutions pour l'amélioration du sort des ouvriers ne sauraient être réalisées par un seul Etat, sans lui rendre la concurrence impossible vis-à-vis des autres. Des mesures dans ce sens ne peuvent donc être prises que sur une base établie d'une manière conforme par tous les Etats intéressés. Les classes ouvrières des différents pays, se rendant compte de cet état de choses, ont établi des rapports internationaux qui visent à l'amélioration de leur situation. Des efforts dans ce sens ne sauraient aboutir que si les Gouvernements cherchaient à arriver par voie de conférences internationales à une entente sur les questions les plus importantes pour les intérêts des classes ouvrières [62]. » Et ce sont les mêmes expressions encore qu'avait personnellement employées l'Empereur : « Je suis résolu à prêter les mains à l'amélioration du sort des ouvriers allemands, dans les limites qui sont fixées à ma sollicitude par la nécessité de maintenir l'industrie allemande dans un état tel qu'elle puisse soutenir la concurrence sur le marché international et d'assurer par là son existence ainsi que celle des ouvriers... Les difficultés qui s'opposent à l'amélioration du sort de nos ouvriers, et qui proviennent de la concurrence internationale, ne peuvent être, sinon surmontées, du moins diminuées, que par l'entente internationale des pays qui dominent le marché international [63]. » Ce sont enfin ces expressions mêmes dont usait le ministre allemand du Commerce, le baron de Berlepsch, en ouvrant la Conférence, le 15 mars 1890 : « Dans la pensée de l'Empereur, la question ouvrière s'impose à l'attention de toutes les nations civilisées, depuis que la paix des différentes classes paraît menacée par la lutte à la suite de la concurrence industrielle. La recherche d'une solution devient dès lors non seulement un devoir humanitaire, mais elle est exigée aussi par la sagesse gouvernementale, qui doit veiller en même temps au salut de tous les citoyens et à la conservation des biens inestimables d'une civilisation séculaire. Tous les Etats de l'Europe se trouvent en présence de cette question dans une situation identique ou semblable, et cette analogie seule semble justifier la tentative d'amener entre les gouvernements un accord, pour obvier aux dangers communs par l'adoption de mesures de prévention générales [64]. »

Le programme soumis aux délégués distinguait dans « la question ouvrière » et retenait un certain nombre de questions, rangées sous cinq ou six catégories : règlement du travail dans les mines ; règlement du travail du dimanche ; règlement du travail des enfants ; interdiction du travail des jeunes ouvriers ; règlement du travail des femmes [65]. L'idée d'une législation internationale du travail y perçait en plusieurs endroits : au paragraphe premier, concernant les usines : « Pourra-t-on, dans l'intérêt public, pour assurer la continuité de la production du charbon, soumettre le travail dans les houillères à un règlement international ? » et au dernier, *Mise à exécution des dispositions adoptées par la Conférence* : « Devra-t-on prendre des mesures en vue de l'exécution des dispositions à adopter par la Conférence et de la surveillance de ces mesures ? Y a-t-il lieu de prévoir des réunions réitérées en conférence des délégués des gouvernements et sur quels points leurs délibérations devraient-elles porter [66] ? »

A la vérité, il ne s'agissait pas et il ne pouvait plus s'agir d'une « législation internationale » dans toute la rigueur des mots, la plupart des gouvernements ayant eu soin de faire, dès les pourparlers, leurs réserves expresses. Il ne s'agissait pas de confier à la Conférence même la mission d'édicter directement une législation internationale du travail, obligatoire et uniforme pour toutes les puissances représentées. Mais il s'agissait de savoir si, dans chaque pays représenté, une législation nationale du travail, conforme aux vœux émis et adoptés par la majorité des délégués, sortirait indirectement des délibérations de la Conférence internationale. La Suisse en fit la proposition formelle ; et cette proposition menait très loin, car, ce qui en découlait, c'était non seulement une législation du travail, nationale peut-être en sa confection, internationale quand même en sa direction ; mais c'était encore une sanction internationale à cette législation, et une juridiction internationale pour appliquer cette sanction. Quelle que dût être la sanction, la juridiction paraissait devoir être déférée à l'ensemble des puissances représentées, et plus spécialement à une autre conférence réunie au nom des puissances, qui alors changerait de caractère et qui, de législative qu'elle aurait été cette fois, deviendrait contentieuse, coercitive, et constituerait une sorte de tribunal. Et ce qui en découlerait, ce serait ou la permanence ou la périodicité d'une conférence internationale ouvrière ; mais, comme elle ne pourrait ni constamment étendre ni constamment modifier la législation, elle serait obligée de se renfermer dans la jurisprudence, et ce ne seraient pas des délibérations qu'elle prendrait, mais des décisions qu'elle aurait à rendre. Si la proposition suisse était adoptée, toutes les puissances représentées à Berlin s'engageraient pour chacune d'elles ; elles acquerraient des droits et des devoirs réciproques : ce serait bien alors un ordre juridique nouveau, et alors il y aurait bien un appendice ajouté au droit des gens européen, un droit international ouvrier.

On n'osa ni ne voulut aller d'un coup jusque-là. La Grande-Bretagne se récria, refusant de « mettre ses lois industrielles à la discrétion d'un pouvoir étranger ; » et l'Allemagne introduisit, pour éviter l'avortement complet, une résolution transactionnelle où il ne restait que de simples vœux, et des vœux assez modestes ; résolution qui fut « votée par l'unanimité des voix, moins celle de la France, qui s'abstint [67]. » La Conférence de Berlin ne donna donc point de résultats positifs ; du moins pas ce résultat, gros lui-même de conséquences, que les uns avaient espéré qu'elle donnerait et que d'autres avaient craint qu'elle donnât. Elle ne fonda point un ordre juridique nouveau ; elle n'ajouta point au droit des gens européen l'appendice d'un droit ouvrier international. Toutefois gardons-nous bien de croire qu'elle fut absolument vaine et vide, qu'elle aboutit à un échec total, qu'elle ne fît rien et qu'il n'en sortît rien.

Ce n'est jamais tout à fait en vain qu'un puissant souverain comme l'Empereur allemand prend une initiative de ce genre, ni jamais tout à fait en vain que douze ou treize Etats s'assemblent en conférence et discutent une question qui les intéresse tous au point d'être pour tous primordiale et vitale. Entre les Etats représentés à la Conférence de Berlin, s'il ne se créait pas d'organe international, un lien international se nouait : à l'Internationale révolutionnaire, on avait essayé d'opposer comme une Internationale de gouvernement, « à la conjuration cosmopolite des travailleurs armée en guerre contre le capital et la propriété, comme un cosmopolitisme bienfaisant et pacifique [68]. »

Même demeurant en chemin et ne réussissant qu'à demi, même ne dépassant guère l'état de projet, ce projet, à lui seul et en soi, était un fait considérable. La question sociale, ou, si l'on veut, les questions sociales, ou, si l'on veut, les questions ouvrières, étaient désormais officiellement posées devant les nations et dans chaque nation ; il y avait désormais en Europe « un état officiel de la question ouvrière, » constaté de nation à nation par la communication des documents, des rapports, des relevés statistiques. On n'avait pu tirer de la Conférence une législation internationale du travail, unique pour toutes les nations» avec une juridiction et une sanction internationales ; mais on en lirait autant de législations nationales du travail qu'il y avait d'Etats représentés, et de législations, sinon conformes au même type, du moins conçues dans le même esprit et dirigées dans le même sens. Parmi les nations, aucune ne voulait paraître, quant à la protection des ouvriers, législativement en retard sur les autres : celles qui se sentaient un peu arriérées l'avaient, pendant la Conférence, dissimulé ou expliqué de leur mieux, et, la Conférence passée, se promettaient de doubler les étapes pour regagner l'avance ; toutes se piquaient d'émulation, et l'on a vu qu'en France l'activité législative en matière de travail fut rarement aussi grande ou plus grande que dans les années qui suivent immédiatement 1890, de 1891 à 1895. S'il en fut de même partout, cela encore est un fait considérable, car c'est l'avènement d'une politique nouvelle.

Cette politique se pourrait définir : une politique de concessions et de conciliations, la politique du sacrifice et de la justice nécessaires. Il y a cinquante ans, Félix Pyat, dans un discours dont l'Assemblée nationale n'entendit que la première partie, invitait « la bourgeoisie » et « les bourgeois » à s'immoler sur l'autel de la Patrie : « Le débat est désormais entre le seigneur souverain, Capital, et le citoyen, Travail. Le capital est donc dans la même position que l'aristocratie en 89. S'il veut tout garder, il perdra tout. Il faut qu'il ait sa nuit du 4 Août, sa part de concessions, son tour de dévouement. Nous ne pouvons nous sauver que par le sacrifice. »

Signifiée ainsi, brutalement, avec cet air comminatoire, la sommation était inacceptable. Et que venait-on parler d'une seconde nuit du 4 Août là où il n'y avait plus ni privilèges, ni privilégiés ? Mais d'autres, depuis, qui n'étaient pas des insurgés, des révoltés, de perpétuels remueurs de pavés et de professionnels fabricants de barricades, d'autres qui n'étaient pas des artisans de trouble et des attiseurs d'incendie, qui, au contraire, comptaient parmi les quelques hommes d'Etat sur lesquels l'Europe pouvait se reposer, et parmi les plus « conservateurs » de ces hommes d'Etat, les plus attachés à l'ordre existant, à l'ordre ancien, à ce que de tout temps on avait appelé l'ordre, — d'autres, à leur tour, ont dit : « Il faut que les classes dirigeantes d'autrefois, si elles dirigent encore aujourd'hui quelque chose, mettent à profit le répit qui leur est laissé ; la classe moyenne, surtout, qui, par indifférence ou par imprévoyance, est en train d'abdiquer sa suprématie politique. Qu'elle ne s'endorme pas, pour Dieu, dans les douceurs de son triomphe, déjà si mal assuré, sur les autres classes sociales. Ainsi dormait l'aristocratie française quand la secouèrent les coups de la guillotine qui tombait. »

Et pourquoi faut-il réveiller « les classes dirigeantes » la « classe moyenne ? » Que doit faire la bourgeoisie, que l'aristocratie ne fit pas ? « La science moderne, le droit moderne, la politique économique moderne ont le devoir d'adoucir les maux qu'engendre la lutte aveugle entre nations et nations, entre individus et individus, la lutte même de tout homme avec la nature et les lois sociales ; ce devoir, il faut qu'elles le remplissent, et c'en est l'heure, afin de rendre à la civilisation la ferme assiette qui lui va manquant. » Certes, ni entre nations et nations, ni entre individus et individus, ni entre l'homme et la nature, l'antique lutte ne finira pas ; il y aura toujours concurrence, compétition et conflit ; c'est une peine éternelle à quoi l'humanité est condamnée : « Il est écrit que l'homme gagnera son pain à la sueur de son front ; symbole de ce que la vie demandera toujours d'effort, de fatigue, de douleur à qui en jouit, si c'est en jouir que de la posséder... Mais, lorsque l'ouvrier, même à la sueur de son front, n'est point en état de gagner son pain, qu'on le regarde au moins comme tombé sur le champ de bataille, et qu'on le traite en conséquence [69]. » Sur le champ de bataille du travail, qu'on élève donc des ambulances du travail ; et, ne pouvant faire cesser l'universel conflit des individus et des nations, ni le combat de l'homme contre les lois naturelles, aussi vieux que le monde et aussi fatal qu'elles-mêmes, qu'on arbitre au moins et qu'on apaise, par des lois sociales meilleures, le débat, qui a trop duré, de trop d'hommes avec les lois sociales mauvaises ou caduques.

Faites cette législation sociale meilleure, élevez ces ambulances sociales, tandis qu'il en est temps encore, de vos mains pieuses et prudentes, vous classes dirigeantes, classe moyenne, bourgeoisie. Non pas dans une nuit du 4 Août, en abandonnant tout, en lâchant tout, mais en pesant tout, en estimant tout, et en jugeant tout. Non pas en cédant, mais en concédant, ce qui implique échange et réciprocité. Non pas parce qu'on nous arrache, mais en donnant librement, en restant les maîtres de nos cessions ou de nos concessions, en n'allant que jusqu'où nous voulons aller, en ne faisant que ce que nous voulons faire. Non pas par sentiment, mais par intérêt ; je dis dans l'intérêt social, dans l'intérêt des autres, dans notre intérêt propre : céder aux autres dans notre intérêt, leur résister au besoin dans le leur, et chercher l'intérêt social dans la conciliation des intérêts de classe. Voilà la politique nouvelle. Le socialisme vit de prêcher la guerre des classes, « l'émancipation » de la classe ouvrière par elle-même, à l'exclusion des autres, et contre les autres ; il leur jette à la face *un méprisant et menaçant Fara da se*. La politique sociale doit se proposer et poursuivre la paix entre les classes, la paix dans l'équité, et, sinon « l'émancipation, »

— mot qui n'a plus guère de sens, de nos jours, en nos sociétés, — l'amélioration du sort des travailleurs, par la coopération sincère de toutes les classes, puisqu'on veut qu'il y ait encore des classes, entre lesquelles assurément il n'en est pas qui aient plus d'intérêt à faire pour la classe ouvrière tout Je juste et tout le possible que celles qui ne sont pas la classe ouvrière. Car c'est, encore une fois, sur l'intérêt que se fonde cette politique, non sur le sentiment, et c'est pourquoi nous avons foi et espérance en elle. D'autres soutiendront que c'est par le sentiment ou par la passion que l'on gouverne les hommes ; mais ceux qui les ont le plus et le mieux gouvernés, et ceux aussi qui, sans les gouverner, ont le mieux su comment on les gouvernait le plus, répondent que c'est l'intérêt qui les groupe dans l'attaque et dans la défense, que c'est par leurs intérêts qu'ils se meuvent et pour leurs intérêts qu'ils se décident. La règle est là : mettons notre intérêt où il est vraiment, à faire apercevoir, à faire saisir aux ouvriers leur intérêt, et à le séparer, à l'isoler de leurs passions et de leurs sentiments. Une des raisons qui font le socialisme redoutable, c'est justement qu'il est tout sentiment et toute passion, qu'il est un fanatisme, une espèce de mahométisme : il y a les croyants et les infidèles, et les croyants ne peuvent rien attendre des infidèles, qu'ils ont charge seulement d'exterminer un jour. Montrons aux ouvriers qu'ils peuvent au contraire attendre de nous tout le juste et tout le possible : opposons au socialisme la politique sociale.

Ce n'est pas à dire en effet qu'il faille désarmer devant le socialisme, ni, par peur de ce qu'il apporterait, en précipiter la venue, ni, pour éviter de tomber dans sa gueule, aller se jeter dans ses liras. Ce n'est pas à dire qu'il faille lui ouvrir les voies sous prétexte de le détourner, ni l'introduire dans la place à seule lin qu'il ne l'enlève pas d'assaut. Plus simplement, ce n'est pas à dire qu'il ne faille point le combattre ; mais c'est-à-dire qu'il faut le combattre d'une autre façon. Il a changé ses positions, il faut changer nos formations et notre tactique de combat. Tant qu'il est demeuré révolutionnaire, et ne s'est confié que dans la violence, c'était bien : tout homme d'Etat qui connaissait son devoir et savait son métier était fixé à son égard : il en était de lui comme de l'anarchie ; à la force, la force ; aux bombes, les baïonnettes ; aux fusils, les canons. Mais le suffrage universel, la transformation légale de l'État par la toute-puissance législative du Nombre, d'autres transformations encore dans les lois, dans les mœurs et dans l'opinion, ont légalisé, parlemenlarisé, et même ministérialisé le socialisme. Ne disons pas trop de mal de ceux qui le légalisent, le parlementassent et même le ministérialisent : en un certain sens, ils nous rendent tout de même service, mais à la condition de les suivre et de le suivre sur ce nouveau terrain, à la condition de manœuvrer en face d'eux comme ils manœuvrent en face de nous. Ils ont compris que, par la force seule, ils ne vaincraient pas : à nous de comprendre que, par la force seule, nous ne nous sauverons pas et que ce serait tout ensemble un crime et une faute que de faire appel à la force avant d'avoir épuisé la justice.

M. de Bismarck, ce terrible praticien de la force, M. Canovas, ce froid théoricien de la force, Guillaume II, ce lyrique et ce mystique, j'oserai dire ce théologien couronné de la force, tous trois étaient amenés à en convenir : « Le désir que j'ai de trouver des moyens de répression contre les socialistes, avouait Bismarck au Reichstag le 20 mars 1884, je l'appuie sur la conviction que les sujets de plainte réels que font valoir les ouvriers peuvent être atténués ou supprimés. » Guillaume II disait de même, à l'ouverture de la session du Parlement impérial, après la Conférence qu'il avait convoquée : « A mesure que la population ouvrière se rendra compte des efforts de l'Empire pour améliorer sa condition, elle prendra une conscience plus claire des maux qu'attirerait sur elle la revendication de réformes excessives et irréalisables. Cette juste sollicitude envers les ouvriers constitue la plus grande force de ceux qui, comme moi et mes augustes confédérés, sommes dans l'obligation de nous opposer à toute tentative destinée à troubler l'ordre, et sommes résolus à remplir une telle mission avec une énergie inébranlable. » M. Canovas, de son côté, consacrait discours et écrits à montrer qu'en présence du socialisme légalisé, et parlementarisé par le suffrage universel, aux « revendications excessives et irréalisables » duquel se mêlent d'ailleurs des revendications modérées et raisonnables qu'il entraîne et dont il se grossit, qui, de plus, dans la forme, procède par la loi et réserve la force, on ne pouvait, pour tout argument et sans discuter davantage, recourir à l'artillerie, *ultima ratio regain*. — : Ainsi la question sociale sort de l'agitation révolutionnaire pour rentrer dans la politique ; ainsi elle cesse ; d'être une *Machtfrage*, une question de force, et de se traiter selon le *Faustrecht*, selon le droit du poing, pour redevenir une question politique, la première et la dernière, la plus importante et la plus urgente de toutes, et se traiter selon les méthodes et les procédés de la politique.

Je voudrais avoir assez nettement marqué la position nouvelle de la question sociale, question politique, et des problèmes du Travail dans l'État construit ou à construire sur le Nombre. Nul doute que, pour les résoudre, on ne doive faire tout le juste et tout le possible, et que, si cela doit être fait, ce soit nous qui devions le faire, puisque aussi bien la sagesse commande de s'en fier à soi-même plutôt qu'à autrui, et puisque nous serons en plus favorable posture pour rejeter ce qu'il y a de chimérique et d'inique dans le socialisme, quand nous l'aurons vidé de ce qu'il y a de fondé et de raisonnable. Nul doute non plus que nous ne devions rien faire en dehors du juste, ni rien tenter au-delà du possible, et qu'on ait déjà fait beaucoup, mais que pourtant tout le juste et tout le possible ne soit pas encore fait. C'est pour savoir ce qui est juste et ce qui est possible, pour présenter en ses données exactes la question sociale, ou quelques-unes des questions ouvrières dont elle se compose, pour tâcher de découvrir dans une sage et équitable organisation une solution au moins provisoire à la crise de l'État moderne, qui est double comme la révolution dont elle est issue a été double ; c'est dans le dessein de tirer des réalités positives les principes et les formules de la politique sociale nécessaire, que nous ouvrons et conduirons ici l'enquête la plus large, la plus directe et la plus impartiale qui soit permise à notre bonne volonté, sur le Travail, considéré simultanément ou successivement dans les quatre domaines, *Travail en soi, Circonstances du travail, Maladies du travail, Thérapeutique du travail*, qu'il embrasse et qu'il unit en une sorte de règne à la fois naturel et social.

Notes

1.   Voyez la Revue des 15 mars et 1er août.

2.   Édit du Roi portant suppression des jurandes, donné à Versailles au mois de février 1776, registre le 12 mars en lit de justice.

3.   Loi du 14-27 juin 1791, art. 1, 2. — et Décret du 29 mai

1793.

4.   Constitution du 3 septembre 1791. — Cf. Constitution du 24 juin 1793.

5.   Edit de février 1776, art. 1er.

6.   Déclaration des Droits de l'homme (Constitution du 24 juin 1793), art. 17 : « Nul genre de travail, de culture, de commerce ne peut être interdit à l'industrie des citoyens. »

7.   Décrets, lois ou arrêtés de juillet 1191, du 17 janvier 1192, du 13 mars, du 8 juin, du 28 juin 1793, des 24-27 vendémiaire, 16 ventôse, et 23 messidor an II, 9 fructidor an III, 28 germinal an IV, 16 vendémiaire, 7 et 27 frimaire, 20 et 30 ventôse, 8 thermidor an V, 16 messidor an VII, 15 brumaire, 4 ventôse, 7 germinal, 7 messidor an IX, etc.

8.   Décrets du 3 mai, 26-28 juillet, 19 août, 29 septembre, 2 octobre 1793 ; 11 brumaire an II, 14 février 1794 ; et loi du 4 nivôse an III, qui supprime toutes celles portant fixation d'un maximum sur le prix des denrées et marchandises.

9.   « Nul ne pourra, sous les mêmes peines (dommages-intérêts), recevoir un ouvrier s'il n'est porteur d'un livret portant le certificat d'acquit de ses engagements, délivré par celui de chez qui il sort. — Les conventions, faites de bonne foi entre les ouvriers et ceux qui les emploient, seront exécutées. — L'engagement d'un ouvrier ne pourra excéder un an, à moins qu'il ne soit contremaître, conducteur des autres ouvriers, ou qu'il n'ait un traitement et des conditions stipulées par un acte exprès. — En quelque lieu que réside l'ouvrier, la juridiction sera déterminée par le lieu de la situation des manufactures ou ateliers dans lesquels l'ouvrier aura pris du travail. » Loi du 22 germinal an XI, art. 12, 14, 15 et 21.

10.   Voyez la Revue du 15 décembre 1900, p. 884.

11.   Loi du 18 mars 1806, établissant un conseil des prud'hommes à Lyon. Cf. Décret du 11 juin 1809, portant règlement sur les conseils de prud'hommes. Décret du 3 août 1810 relatif à la juridiction des prud'hommes. — Et, pour ne rien omettre, ordonnance du. 12 novembre 1828, concernant les insignes des membres des conseils de prud'hommes.

12.   Décrets du 17 juillet 1807 et du 9 décembre 1809. —

Décret du 19 janvier 1811.

13.   20 pluviôse an XII (10 février 1804).

14.   Décret du 3 janvier 1813 ; — Ordonnance du 26 mars 1843.

15.   Ordonnances du 25 juin 1823 ; du 30 octobre 1836.

16.   22 mars 1841.

17.   Loi du 15 germinal an III ; arrêtés du 9 messidor an IX, du 19 frimaire an XI ; ordonnances du 13 mai 1818, du 17 septembre 1823, du 22 janvier 1824, du 12 mars 1826, du 29 juin 1828 ; loi du 4 mars 1831 ; ordonnances du 9 octobre 1837, du 10 mai 1841, du 5 octobre 1844.

18.   Ordonnances du 29 juillet 1818, du 3 juin 1829, du 16 juillet 1833 ; lois du 5 juin 1835, du 31 mars 1837, du 22 juin 1845.

19.   Voyez, dans la Revue du 15 janvier 1899, notre étude sur l'Organisation du travail.

20.   Louis Blanc avait rédigé les trois premiers paragraphes ; Ledru-Rollin y lit ajouter le dernier.

21.   Séance du 2 novembre 1848. Discours de M. Marins André (du Var). Interruption. — Un membre : « Laissez-le parler, il en sait plus que vous ! »

22.   Propos prêté par lord Normanby à Louis Blanc, A Year of Revolution in Paris, t. Ier, p. 167-168 ; Voyez Révélations historiques, t. Ier, p. 107.

23.   Décret du 28 février, publié au Moniteur le 1er mars 1848.

24.   Voyez le Moniteur du 5 mars 1848.

25.   Louis Blanc, Révélations historiques, ch. VIII. Le Luxembourg, le Socialisme en théorie, t, Ier, p. 157.

26.   Il avait été décidé (proclamation du 1er-2 mars) que chaque profession nommerait un délégué auprès de la Commission des travailleurs.

27.   Louis Blanc, ouv. cité, t. Ier, p. 178 et suiv.

28.   Id., ibid., p. 181.

29.   Id., ibid., p. 184-185. Discours prononcé à l'ouverture du Parlement du travail.

30.   Rapport de Vidal, publié au Moniteur, puis en volume, sous ce titre : la Révolution de Février au Luxembourg.

31.   Louis Blanc, ouv. cité, p. 187-188. « Dans ces établissements, il y aurait eu une salle de lecture, une salle pour les enfants en nourrice, une école, un jardin, une cour, des bains. Chaque établissement eût coûté à peu près un million. Pour couvrir cette dépense, le gouvernement aurait ouvert un emprunt, des femmes se seraient mises en quête de souscriptions, et tous les rangs de la société eussent été appelés à fournir des agents pour le succès d'une négociation financière d'un caractère si nouveau et d'une portée si bienfaisante. »

32.   Ce décret leur ouvrait un crédit de 3 millions, somme égale à celle que le décret du 20 juin précédent allouait aux ateliers nationaux.

33.   Voyez Joseph Chailley-Bert et Arthur Fontaine, Lois sociales, Recueil des textes de la législation sociale de la France, 1895, avec suppléments annuels,

34.   Louis Blanc, ouvrage et passage cités, p. 188.

35.   Conciliations dans les grèves des établissement Derosne et Cail ; des paveurs (réparation des rues bouleversées par les barricades) ; des omnibus, favorites, fiacres, cabriolets et voitures publiques ; des couvreurs ; des mécaniciens, ouvriers en papiers peints, débardeurs, chapeliers, plombiers-zingueurs, maréchaux, blanchisseurs, boulangers… Ibid, p. 194-195. »

36.   Comtesse d'Agout (Daniel Stern), Histoire de la Révolution de Février, citée dans Révélations historiques, t. II, p. 200.

37.   Associations ouvrières de tailleurs d'habits, tailleurs de limes, cuisiniers, formiers pour chaussures, ébénistes, menuisiers en fauteuils, selliers, fileurs, etc. En quelques mois, on put compter plus de cent associations ouvrières de toute profession. (Une coopérative de bijoutiers existait déjà depuis 1843.) D'après Louis Blanc, elles jouissaient de la confiance publique, et quelques-unes étaient allées jusqu'à émettre une sorte de papier-monnaie, des bons mensuels qui étaient acceptés par le petit commerce. En 1849, on songea à les fédérer en un Comité central des Associations ouvrières, et c'est alors que se forma l'Union des Associations, avec un comité de 23 membres, dont le fondateur fut du reste poursuivi

et condamné. La plupart de ces associations succombèrent, quelques-uns disent au mauvais vouloir du gouvernement et de la police qui y voyaient surtout des associations politiques. Toutefois, en 1859, on citait encore des associations de menuisiers, maçons, formiers, ébénistes, tourneurs, ferblantiers, brossiers, lunetiers, forgerons, graveurs, charrons, fabricans de machines, de pianos, etc. Deux ou trois (les formiers, les maçons) semblaient prospérer. De toutes ces associations, celle des tailleurs peut être prise pour type. Elle débute par la commande de 100 000 tuniques de la garde nationale pour finir par l'ouverture d'un fourneau économique. — Voyez Louis Blanc, ouvrage cité, I, p. 203 et suivantes.

38. Projet de Déclaration des devoirs et des droits ; Rapport d'Armand Marrast, lu à la séance du 20 juin 1848.

39. Préambule du second projet, lu à la séance du 29 août.

40. Préambule voté le 25 septembre.

41. Titre II, voté dans la fin de septembre.

42. Discours du 3 septembre. Voyez le Droit au travail, recueil des discours prononcés à l'Assemblée nationale, 1 vol. in-8° ; Guillaumin, 1848.

43. Louis Blanc, ouvrage cité, I, 167-169. Le président de la Commission de gouvernement, tout en opposant l'inégalité réelle à la prétendue égalité, se donne d'ailleurs beaucoup de peine pour expliquer « qu'il n'y eut jamais d'autre dogme professé au Luxembourg que celui de l'égalité relative, de l'égalité prise non dans le sens d'identité, mais dans le sens de proportionnalité : de l'égalité qui consisterait, pour tous, dans l'égal développement de leurs facultés inégales, et dans l'égale satisfaction de leurs besoins inégaux. » Ibid., p. 164. — Il reste que c'est bien l'égalité, le grand argument, l'article de foi, le « dogme professé au Luxembourg. »

44. Loi du 15 juillet 1850 ; décret portant règlement d'administration publique du 14 juin 1851.

45. Cet article instituait une commission « chargée de l'examen de toutes les questions relatives à la cause des retraites » et composée de 25 membres, savoir : quatre représentans nommés par l'Assemblée nationale, deux conseillers d'État nommés par le Conseil d'État, deux conseillers à la Cour de cassation nommés par la Cour de cassation, deux conseillers-maîtres nommés par

la Cour des comptes, deux membres de l'Académie des sciences nommés par leur Académie, le directeur de la comptabilité au ministère des Finances, le directeur du mouvement des fonds au même ministère, deux membres du clergé, deux docteurs en médecine, deux prud'hommes, un agriculteur, un industriel, un commerçant ; ceux-ci nommés par le gouvernement. La loi du 20 juillet 1880, en réduisant la Commission à seize membres (art. 3), n'y laissait, à l'exception de deux présidens de sociétés de secours mutuels et d'un industriel, désignés tous les trois par le ministre du Commerce, et du président de la Chambre de commerce de Paris, membre de droit, que des fonctionnaires : six sur seize membres, et, en outre, deux sénateurs, deux députés, et deux conseillers d'État.

46.   Décrets des 20 avril 1856, 18 juin 1864, 22 septembre 1870 et 27 octobre 1870, loi de finances de l'exercice 1871, décret du 28 novembre 1890, loi du 11 avril 1893, décrets du 30 mars 1896, loi du 1er avril 1898. décret du 14 mai 1898.

47.   Loi du 31 mars 1831, art. Ier.

48.   22 juin.

49.   Décret du gouvernement provisoire (9 mars 1848). — Décret de l'Assemblée nationale (7 juillet 1848).

50.   Louis Blanc, Organisation du travail, 5e édition, p. 58.

51.   Loi du 21 novembre 1848, arrêté du 2 mai 1849, loi du 29 août 1850, loi du 30 juin 1851, décret du 15 avril 1852, loi du 7 mai 1853.

52.   Décret du 17 septembre 1870, abrogé par la loi du 12 juillet 1871.

53.   Loi du 9 avril 1881, décret du Ml août 1881, loi du 3 août 1882, loi du 6 juillet 18S3, loi du 26 décembre 1890.

54.   Décrets du 29 octobre 1885 et du 22 novembre 1886.

55.   Décrets du 28 octobre 1895, 8 avril et 20 septembre 1896, 6 septembre 1897 et 14 mai 1898.

56.   Art. 15, 16, 17 et 20.

57.   Cf. loi du 12 août 1885.

58.   Décrets du 13 janvier 1883, du 9 juillet 1888, loi du 27 décembre 1890, arrêté du 25 février 1892, loi du 29 juin 1894,

décrets du 25 juillet et 18 août 1894, loi du 27 décembre 1895, décret du 10 janvier et loi du 16 juillet 1896, décrets du 26 février, 31 juillet et 14 octobre 1897.

59.   Lois du 10 juin 1850, 30 janvier 1884, 20 juillet 1886, décrets des 27 et 28 décembre 1886, loi du 26 juillet 1893, décrets du 28 décembre 1893 et 14 août 1894, loi du 29 décembre 1895b, décrets du 22 février, 30 mars, 9 juin, loi du 13 juillet, décret du 22 juillet, arrêté du 23 décembre 1896, décrets des 28 avril et 22 juin 1897, loi du 13 avril 1898.

60.   Loi du 11 juillet, décrets du 10 août 1868, du 13 août 1877, 28 novembre 1890, 28 décembre 1893, 17 juillet 1897.

61.   Nous avons indiqué plus haut les dates principales de cette histoire, avant 1848 : citons à présent la loi du 24 novembre 1848, le décret-loi du 9 janvier et les décrets-lois des 2, 19, 20, 24, 28 mars 1852, le décret du 11 juillet 1836, la décision impériale du 26 février 1857, les lois du 28 juin 1862, 8 juillet 1865, 11 avril 1881, 15 janvier 1884, le décret du 10 avril 1884, les lois du 8 août 1885 et 1er mars 1888, le décret du 6 août 1888, les lois du 30 janvier 1893 et 21 avril 1896.

62.   Lettre de la Chancellerie impériale à l'ambassadeur d'Allemagne à Paris, 8 février 1890. Livre Jaune sur la Conférence internationale de Berlin, 15-29 mars 1890, p. 10.

63.   Conférence internationale de Berlin, Livre Jaune, p. 11.

64.   Livre Jaune, p. 29.

65.   Annexe à la note de l'ambassade d'Allemagne du 27 février 1890. Livre Jaune, p. 14. — Cf. le premier programme élaboré par le Conseil fédéral suisse (sur le rapport de M. Kaspar Decurtins), dans ce même Livre Jaune, p. 7.

66.   Ibid., p. 14, 15.

67.   Rapport adressé au ministre des Affaires étrangères par M. Jules Simon, premier délégué à la Conférence ; Livre Jaune, p. 17.

68.   Canovas del Castillo, Problemas contemporances, I. III, § 5, De los resultados de la Conferencia de Berlin y del estado oficial de la Cuestion obrera, p. 535.

69.   Canovas del Castillo, ouv, cite, Ultimas Consideraciones,

p. 584 et 589.

ISBN : 978-1548901240

Charles Benoist